本当に
大切なこと
の見つけ方

人生のバランスを整える質問

質問家
マツダミヒロ

SOGO HOREI PUBLISHING CO., LTD

あなたにとって、
本当に「大切なこと」は何ですか？

はじめに

「本当に大切なことは何ですか？」

この問いに、ぼくは長い間答えられませんでした。

目の前のことに一生懸命すぎて、

大切なものが見えなくなっていた時期が長かったからです。

冒頭の問いに対する答えで、出てきたものは
「バランスの取れた、ニュートラルな生き方をしたい」でした。

働きすぎだったぼくは、結婚をし、これからの人生をどのように
過ごしたいかを対話して決めていったときに生まれてきました。
そのおかげで、アンバランスな人生を卒業し、
自分らしい豊かな日々をつくり上げることができました。

あなたは、バランスの取れた人生を送っていますか？
その答えがＮＯならば、
どのようにすればバランスが取れた状態になるのでしょうか？

もしかしたら、人生のバランスについて
あまり考えたことがないかもしれません。
かつてのぼくのように。

日々忙しいと、立ち止まって考えることも少ないから。
だからこそ今、
バランスの取れた人生について考えることが大切です。

バランスが取れれば、
●ストレスが少なくなります

- 思ったことを実現できるようになります
- 日々の暮らしが豊かになります
- 仕事でパフォーマンスを発揮することができます

これらを実現するためにも
この本で、あなたの本当に
「大切なこと」を見つけてください。

マツダミヒロ

目次

chapter 1 バランスのいい人生を送ろう

chapter 2 バランスポジションの見つけ方

chapter 3 自分軸を探す8つの要素

chapter 4

バランスを考えてみよう！

ブックデザイン・イラスト：木村勉
ＤＴＰ・図表：横内俊彦
校正：菅波さえ子

chapter 1

バランスのいい人生を送ろう

バランスのいい人生とは、自分らしい生き方

あなたにとって「バランスのいい人生」とは、いったいどんな人生でしょうか？

ぼくが考えるバランスのいい人生とは、自分の人生がどんな要素（仕事、家庭など）で構成されているかを知り、自分の理想の比率で人生を過ごすことです。

「なんだ、当たり前のことじゃないか」と思う人もいるかもしれません。

でも、これがなかなかできていない人が多いように感じています。

なぜなら、ぼくたちは目の前のことに一生懸命になってしまい、自分の人生を構成している大切なものに対して、あまり注意を払うことがないからです。

年を重ねるごとに人生を構成しているものが増えているのに、また、その内容も変

化しているのに、目の前にあるものばかりを見ていて、ずっと同じ調子で進んでいる。あるいは、本当はやりたいことがあるのに、「いつかやろう」と思いながら自分らしさを抑えて頑張り続けている。

そんな状態が続くと、ある日突然やる気が出なくなったり、「もう、頑張れない」と弱音を吐いたりしている自分に気づく――そんな人も多いのではないでしょうか？

〝バランスのいい人生〟とは、シンプルに言えば、「自分らしい生き方をする」ということです。

そのためには、自分の人生を構成しているものが何なのか、そして、それぞれの要素のバランスが取れているかということを意識する必要があります。

一般的に、「仕事に50％、家庭にも50％の力を注いでいる」「一生懸命仕事をするけれど、同じくらい遊びの時間も取っている」という人が、バランスの取れた人生を送っていると言われることがあります。

とはいえ、本当に「50対50」という割合がバランスの取れている状態でしょうか？

ぼくは、それは人それぞれだと思うのです。

「仕事が大好き」という人なら、仕事は60％、家庭は40％のほうがバランスが取れているのかもしれません。また、転職したときや新しく事業を始めたとき、結婚、家族が増えるなどの人生の節目を迎えたときには、その比率も変わってくるでしょう。

重要なのは、**他の人から見てバランスの取れた人生を送るのではなく、自分が納得するバランス状態をつくること**です。

自分にとってベストなバランスポジションを知り、それに近づくことが大事だということを、この本で実感していただけたらと思います。

あなたはバランスが取れている？

では実際に、バランスが取れていない状態とはどんな状態なのか、具体的に考えていきましょう。

ぼくのお客様の中には、シングルで仕事もうまくいっている女性がいます。それなりにお金もあって、自分の時間もあって、他の人からは人生を謳歌しているようにも見えるでしょう。

しかし、中には「仕事と家庭の両立は今の状態では無理。だから、結婚に踏み切れずに悩んでいる」という人もいます。彼には「結婚しても、今と同じように仕事ばかりしているなら結婚する意味がない。もう少し仕事をセーブしてほしい」と言われ、「それなら結婚したくない！　でも、このまま彼とつきあい続けていけるか不安。彼の言うように、仕事をセーブして結婚したほうがいいのかな？」と悩んでいるという話をよく聞きます。

また、男性で、仕事も家事もどちらも頑張っている人もいます。

もちろん、その状態が本人の真の喜びになっているのならいいのです。

しかし、どこかで我慢していたり、無理をしたりしているのなら、自分が求める本来のバランスは取れていないことになります。

どちらのケースでも、「自分が頑張らないといけない」、もしくは「自分が我慢しないと、人生のバランスが取れない」と思い込んでいる可能性があります。

そう思っている時点で、実は既にバランスが取れていないのです。自分らしくない状態でそのまま頑張り続けていると、いつかバランスが崩れてしまうでしょう。


また、ぼくは学校などで講演を行っているので、保護者の方にもよく会います。

お母さん方が口にするのは、「ほとんどの時間を家族のために使っている」ということです。

それが心からしたいことで、100%幸せを感じているのならば問題はありません。

でも、「何か別のこともやってみたい」と思っているのに、家族のために我慢をしているのなら、バランスが取れているとは言えないでしょう。


「あなたはどんなことをすると満たされますか？」

と質問されたら、答えられますか？

もし、自分についてまったく答えられないとしたら、どこかで無理をしているのかもしれません。

そのまま無理を続けていると、「家事をするのがつらい」と感じるようになることもあります。そうなってしまったら、自分だけでなく、家族みんながつらくなってしまいます。

「家族のために時間を費やしているから、自分の時間なんてほとんどない」「家族の笑顔のためにひたすら頑張っている」という状態から抜け出す必要があるかもしれません。

今の自分には大満足。友人たちとの楽しい時間もたくさんある。趣味を楽しむ時間もある。でも、何かが足りない……。そんな若い人たちの声も聞きます。

「足りない」と感じている部分を、やみくもに何かで埋めてしまう人もいます。

しかしながら、それはあまりおすすめできません。

なぜなら、**足りないものを埋める選択では、人は幸せになれない**からです。たとえ足りないものを埋めたとしても、また別の足りないことに目が向いてしまうため、いつまでも満たされないのです。
そんなときは、少し立ち止まって、自分の中にあるものを見つめてください。
どんな選択が自分の人生に必要なのか、それを冷静に見つけるチャンスかもしれません。

自分の人生をもっと納得できるものにしたい。

この本では、そんな人に、自分探しのポイントとバランスのいい人生のつくり方をお伝えしたいと思います。

人生のバランスを考えたことのなかった20代

「ワーク・ライフ・バランス」の概念は、1980年代後半にアメリカで生まれました。あなたも「人生のバランスを考える」ということを、一度や二度、意識したことがあるかもしれません。

とはいえ、本当に「バランスよく生きる」ことを意識しながら生活している人は、そう多くないと思います。

以前のぼくもそうでした。とても忙しく過ごしていたので、「バランスの取れた人生」についてなど、考える暇もなかったのです。

もちろん、目の前のことに没頭する、そんな時期があってもいいと思います。

しかし、ぼくはある出来事によって、人生のバランスを大きく崩してしまった結果、「人生はバランスを取ったほうがよい」「バランスを意識していないと、幸せ度の低い人生を送る可能性がある」ということがよくわかったのです。

ぼくは地元の山形にある大学で、デザインを専攻しました。ここで学んだデザインとは、世の中にある問題の解決法を探り、その仕組みづくりを考える学問です。課題を解決するべくスペシャリストをキャスティングしてプロジェクトをつくり、目的を達成するということを夢中になってやっていました。

今思えば、学生時代から、決してバランスが取れているとは言えない人生を送っていたように思います。

当時は若かったし、それでよかったのだと思います。夢中になれるものに一生懸命取り組み、よい経験ができましたし、その経験自体が学びにもなりました。

ただ、「ベストな過ごし方ができていたか?」と聞かれれば、「もう少し大切にしてもいいものがあったかもしれない」と思います。

大学を卒業し、22歳で後輩と一緒に会社をつくり、インターネット関係の仕事を始めました。朝起きた瞬間から夜眠るまで、ひたすら仕事をしていました。ITの世界は技術の進歩も速く、研究しなければいけないことも山積みで、夜中まで仕事をしていても追いつかなかったからです。

起業当初は実家の隣を仕事場にしていたので、移動時間もゼロ。寝ている時間以外はほとんど仕事をしていました。

遊ぶ時間も趣味もなかったので、仕事を始めてからは、新しい友達もなかなかできませんでした。

その生活で得ていたのは、「仕事での達成感とお金」です。

そして、犠牲にしていたものは、それ以外の全部でした。友人と遊びに行ったり、旅行に行ったり、自分を高める学びの機会なども失っていたと思います。

起きている時間の90％以上を、仕事に費やしていたのです。

バランスを崩したときに見えたもの

そんなぼくが、「人生はバランスを取ったほうがいい」と痛感したのは、29歳のときです。

何があったのかというと、会社の株主との間に意見の食い違いがあり、それがもとで、自分がつくった会社をクビになったのです。それまではほとんどの時間を仕事に費やしてきたので、受けたショックは相当なものでした。落ち込んで、何も手につかない状況が続きました。

29歳なのに、「もしかしたら、猛烈に働いて定年を迎えた60代の人はこんな気持ちなのかな……」と思ったほどです。

しかしながら、案外、人はずっと落ち込んでもいられないものです。徐々に「これからどうしようか」という気持ちも芽生えてきました。

することがないので、時間はたっぷりあります。

「自分の人生を見直すいい機会だ。これを機に、生き方・働き方を変えていこう」

そう思いました。

そこで初めて、自分の人生を振り返ったのです。

改めて感じたのは、「何か1つを失ったらすべてを失うという今回のようなことは、もう二度と繰り返したくない」ということです。

ところが困ったことに、それまで仕事ばかりに時間を費やしてきたので、これからどのように行動を起こしていったらいいのか、具体的なことが何も思いつきません。

あるとき、「これまでしてこなかった仕事以外のことをやってみよう」と思い立ちました。何年間もできなかった、「休む」「リラックスする」ということにトライすることにしたのです。

余裕のない状態がバランスを崩してしまう

リラックスするために初めにしたことは、「近くにある温泉に行き、ボーッとすること」です。

実家のある山形には温泉が豊富にあり、あまりお金をかけずにいろいろな種類の温泉を楽しむことができます。まずは温泉に通って、ゆっくりと流れる時間を楽しもうと思いました。20代になってからはのんびりすることは皆無だったので、それはとても新鮮な経験でした。

温泉に入って最初にしたのは、**自分反省会**です。

「何がよくなかったんだろう?」とじっくり考えてみました。

そこで感じたのは、「自分に余裕がなかった」ということです。

そして、以前から疑問に思っていたことを改めて考えることができました。

当時、ぼくの周りにいた人の中で仕事がうまくいっている人は、みんな家庭も円満で、遊びも上手でした。

「この人たちはあんなに遊んでいるのに、なぜ、仕事も家庭もうまくいっているのだろう？　ぼくはこんなに頑張ってるのに……」と思うこともしばしば。しかし、忙しくて時間がなかったので、「不思議だなあ」と思うだけで、それについて深く考えることもしませんでした。

じっくり考えてみると、「ああ、あの人たちは、ぼくのようにクビになったとしても、何もなくなるということがないな。それは、他にも大切にしているものがあるからだ。そうか、あの人たちは人生のバランスが取れていたんだなあ」ということに気づきました。

仕事一筋の人に比べて、立ち止まることでものごとを多面的にとらえることができる人は、問題が起きたときも、乗り越える力がついていると感じたのです。

「仕事も家庭も学びも遊びもできている人は、魅力的な人が多いなあ。それはきっとバランスが取れているからだ」

ゆっくりした時間の中で人生を振り返ったとき、初めてそれに気づくことができたのです。

人は、立ち止まらないと大切なことに気づきにくいものなのかもしれません。

質問の効果

リラックスすることの次にやりたいと思ったのは、「学ぶこと」でした。

ただ、何を学んだらいいのかまったくわからないので、たくさんの講演会情報を調べ、少しでも興味を持ったものはどんどん聴きに行くことにしました。

そんなときに、心理学を笑いと涙で教えている先生と出会い、興味を持ちました。

また、「自分は、本当は何をやりたいんだろう?」と過去を振り返ったときに思い出したのが、大学の後輩たちとのやりとりです。

経営者時代、後輩たちがぼくのところによく相談に来てくれたのですが、ぼくは話すことがあまり得意ではなかったので、「へぇー、そう思ってるんだ」と彼らの話をじっくり聴いたり、「でも、それって本当にやりたいことなの？」と質問したりする、ということを繰り返していました。

すると、不思議なことに、毎回後輩たちがやる気に満ちて帰っていくのです。

このような不思議な経験を何度もしていたので、「面白いな、人のやる気を引き出す仕事ができたらいいな」と思っていたのです。

当時はそんな仕事があるとは思っていなかったのですが、講演会などに通ううちに、それが〝ビジネスコーチング〟というものにあたることを知って驚きました。

改めて人のやる気を引き出す仕事をしてみたいと真剣に思い、心理学とコーチングを学ぶことにしました。

「バランスの取れた人生を送りたい」「自分らしい人生を送りたい」

そう思ったとき、

「これまでしたことのないことは何だろう？」

「本当にやりたいことは何だろう？」

という質問を、ぼくは無意識のうちに自分に投げかけていました。

その結果、本当にやりたいことを見つけることができました。

でもそれは、ぼくだけに起こった奇跡ではありません。

こうして質問家になった今、ぼくがはっきり言えることは、「**的確な質問さえすれば、必要な答えが必要なときにやってくる**」ということです。

それは誰にでも起こることなのです。

やりたくないことは長続きしない

自分を知ることはとても大切です。

自分のことを知ると、自分が「何が好きで、何が嫌いか」がわかります。「何がしたくて、何がしたくないか」というのもわかります。

バランスの取れた人生を送るうえで、それを知っていることが、実はとても重要なのです。

多くの人は忙しくて、自分の好き嫌いや、自分が何をしたいかということに注意を払う余裕がありません。

ぼくも、自分の好きなことを仕事にするために会社をつくったのに、いつの間にかやりたくないことばかりをたくさんやってきました。まったく気が抜けない状況で生きていたと思います。長い間それに気づくこともなく、すべてを失うまで、ずっと走り続けていたのです。

振り返って考えてみると、やりたくないことをしているときは、緊張していたように思います。それは、言い換えれば、自分を取り巻くすべてのことと闘っているような感覚でもありました。

やりたくないことをやっているので、どうしても無理をします。

「もっと頑張らなきゃ」

「もっと〇〇しなくちゃ」

こんな状態なので、周囲の人に対しても、非常に厳しかったと思います。社員やスタッフには、いかに思った通りに動いてもらうかを考えていましたし、いつも「ライバル会社に負けたくない」と考えていました。

気が張っているため、心が休まる間もありません。

こんな状態で、いいことなど起こるわけがないのです。

当時を顧みると、それまでの自分は「力が入りすぎていた」ということがわかってきました。ですから長続きしなかったのです。

たとえば、柔道や空手などの武道は、無駄に力が入った状態では勝てません。うまく力を抜かなければ、本当の力を発揮することができないのです。

武道だけでなく、人生もこれと同じだと実感しました。

力が入ると、なぜうまくいかない？

無駄に力を入れない生き方がいいということが、これまでの体験でわかってきました。

無駄に力を入れないということは、力まない、緊張しない、背負い込まないということです。力が抜けている状態とは、たとえるなら、しなりのある竹のような状態です。竹は外から強い力を加えると、一見、しなって倒れるかのように見えますが、またもとに戻ることができます。

こんなふうにほどよく力が抜けていると、人は人生の流れに乗ることができます。

一方、力が入っている生き方は硬い木のようです。

木は強い力を加えられると、耐え切れなくなったときに折れてしまいます。そうなったら、もうもとには戻りません。

流れに沿うこともできないので、ものごとの流れに逆らってしまうこともあります。流れをせき止めて、チャンスを逃してしまうこともあるでしょう。

力が入りすぎると、能力だけでなく、直感も鈍ります。

あれこれ考えすぎてしまうので、損得勘定にとらわれてしまうのかもしれません。


人生は流れています。

その流れを感じることも、バランスのよい状態をつくるために必要なことです。

人は自分のやりたくないことをやるとき、どうしても力が入ります。

そんな状態に陥ると、自分自身との闘いや他者との摩擦も生まれやすくなります。

でも、やりたいことや得意なことをやるときは、ほどよく力を抜くことができます。

そうなれば、自分自身にゆとりが生まれ、竹のようにしなやかに生きることができます。

バランスの取れた人生とは、このしなやかな状態で生きるということです。自分や他者との闘いも手放すことができるでしょう。

闘いを手放すためにも、あまり力まない生き方が大事だということを、ぼくは経験から学びました。

力まない人生とは、「一生懸命生きるのをやめる」のとは違います。「本当にやりたいことを見極めないまま、がむしゃらに頑張るのをやめる」ということです。

自分のやりたいことを大切にして、ゆとりのある状態になる。

それが自分の人生をよい状態に保つ秘訣であり、自分の人生において「大切なこと」を見つける基本と言ってもいいかもしれません。

立ち止まったとき、自分の本当のバランスが見えてくる

「自分の人生はバランスが取れている」と思っている人も、案外、力ずくで無理やりバランスを取っていることがあります。

自分の経験から学んだのは、走っていると、自分の状態がわかりにくいということです。立ち止まらないと、自分が今どんな状態なのか、本当はどんなバランスがいいのかを冷静に判断できません。

立ち止まったときに初めて、自分がどんな状態なのかがわかるのです。

すると、自分が「何がしたいのか」「何が好きなのか」が見えてきます。

そうすると、何が起こると思いますか?

すぐにそれをやりたくなるのです。


実際、ぼくもそうでした。

やりたいことをやるために、「嫌いなもの、苦手なもの、無理やりやっていたことをやめよう」と素直に思えるようになりました。

もちろん、急に好きなことばかりをするのは難しいことです。

でも、意識していれば、徐々にその方向にシフトしていくことは可能です。また、意識しない限り、シフトはできないと思います。

ぼくは、立ち止まって自分の状態を振り返るという経験をして初めて、「趣味はもちろん、仕事においても、人間関係においても、自分が心からしたいと思ったことをやっていきたい」と思いました。

そう意識した途端、ものごとに対するスタンスが、それまでとはまったく違うものになりました。

それと同時に、すごく楽になったのです。

それまでのぼくは、自分が好きなことや嫌いなことなどを考えずに、ずっと走り続けていたのだと思います。

バランスを取るというより、力ずくで無理やり走り続けていたのです。


無理してバランスを取ろうとしていても、それは長続きしません。

無理をしている時点で、どこかでバランスを崩しているからです。

だから、ぼくも自分のつくった会社をクビになったのでしょう。

今のぼくは、多少無理をすることはあっても、ほとんど自分のやりたいことだけをできるようになりました。現在の気持ちは穏やかで、体もリラックスしていて、とても心地よいと感じています。

それが、バランスが取れている状態だと思うのです。

恐れの選択をやめ、愛の選択をする

人生のバランスを意識するとき、ぼくは大切にしていることがあります。
それは、「恐れの選択をやめ、愛の選択をする」ということです。
恐れの選択とは、「しなければいけない」と思いながら選択することです。
それに対して、愛の選択とは、自分が心からやりたいことを選択することです。

日常生活の中では、意識しているかしていないかにかかわらず、「やらなければいけない」「やるべきだ」「やったほうがいい」という恐れの選択をしている人が多いと思います。特に責任感が強い人や、思いやりのある人などは、自分の思いよりも他人への配慮を優先しがちです。

確かに、他の人を気づかうことはとても大切です。

だからといって、「やらなければいけない」という思いで自分に無理をさせていたら、人生のバランスは取れません。**力を抜いて、自分らしい状態でする他の人への配慮が、本当の意味で相手のためになる**のです。

できるだけ愛の選択をし、心からやりたいことをすることが、バランスの取れた人生を送ることにつながります。

「仕事も家庭もきっちり両立させている。あの人はすごい」という褒め言葉をよく聞きますが、ぼくはそういう話を聞くと、「その人は本当にそれで満足していますか?」と聞きたくなります。

「両立させている」という考えは、頭で「よい」と考えていることです。、頭で考えたことは「そうしなければいけない」「そうしたほうがいい」という恐れの選択になりやすいのです。

「自分は仕事も家事も好き。だから、両方とも全力でやりたい」と思うのならかまいません。ただし、そこに「自分がやるべき」「他の人もしているのだから、自分もしなければならない」という感覚が少しでもあるなら、それは恐れの選択です。

バランスの取れた人生を送るうえでの重要なポイントは、「行動が愛の選択に基づいている」というところにあります。

理想の人生とは、誰かが決めた理想の状態ではなく、自分自身が納得できるもので構成されている人生だとぼくは考えています。

自分軸を持つ

「明日の会、すごく楽しいですよ。あなたも参加しませんか？」

「みんなで○○をやるから、やってみない？」

自分があまり興味のないことに関して、誰かからそう誘われたとき、あなたはどう答えますか？

本当は断りたくても、相手との関係も考えて、返事を躊躇《ちゅうちょ》する人も多いでしょう。

このときに、自分の中で大切にしたいことがわかっていれば、迷うことなく決断できるようになります。すると、自分の人生の中に、偏りがなくなります。

偏りがなくなるということは、自分の時間とエネルギーを犠牲にして、自分以外の誰かに提供することがなくなるということです。

それが愛の選択をするということであり、自分らしく生きるということです。

たとえば、ぼくの場合なら、魅力的な飲み会の誘いがあったとしても、今回は娘との時間を大事にしたいと思ったら、迷わずに断ることができます。

でも、その判断基準が自分の中にないと、断るのが不安になります。

仮に「せっかく誘ってくれたのに、出席しないとがっかりさせるんじゃないか」「行かないと、後でやりにくくなるかもしれない」と思って、恐れの選択で参加したとします。

するとどうなるでしょうか？

「参加する」と決めた時点で自分に無理をさせてバランスを崩しているので、後々「行かなければよかったな」と思うことになりやすいのです。

あなたにもそんな経験はありませんか？

断ったことで、たとえそのときは文句を言われたとしても、自分にとってバランスが取れているなら、結果的によい方向に行きます。

そして皮肉なことに、無理をしてバランスを崩していくほうが、後で問題になったりするのです。

恐れの選択から生み出されたものは、最終的にはうまくいきません。

自分にとって大切なものは何かを知り、愛の選択をする。

それが自分軸を持つということです。

自分軸がなければ、バランスのいい人生を築くことはできません。

ぜひ、愛の選択をして、ブレない自分軸を見つけてください。

「シャンパンタワーの法則」でバランスを見直す

ぼくは講演会などで、人間関係のあり方を「シャンパンタワー」に見立てて説明しています。

シャンパンタワーとは、シャンパングラスをピラミッド型に並べて、一番上のグラスからシャンパンを注いでいくセレモニーのことです。

一番上のグラスからシャンパンが注がれると、グラスから溢れたシャンパンが2段目、3段目、そして全体へと伝わり、タワーが完成するというものです。

ぼくはあのセレモニーを見ていて、グラスがシャンパンで順番に満たされていく様子が、人間関係のエネルギーの流れと似ていることに気づきました。

シャンパンタワーの一番上のグラスが自分自身、2段目は家族やパートナーなどの身近な人たち、3段目は会社の同僚や友人たち、4段目はお客様や地域の人たちに見

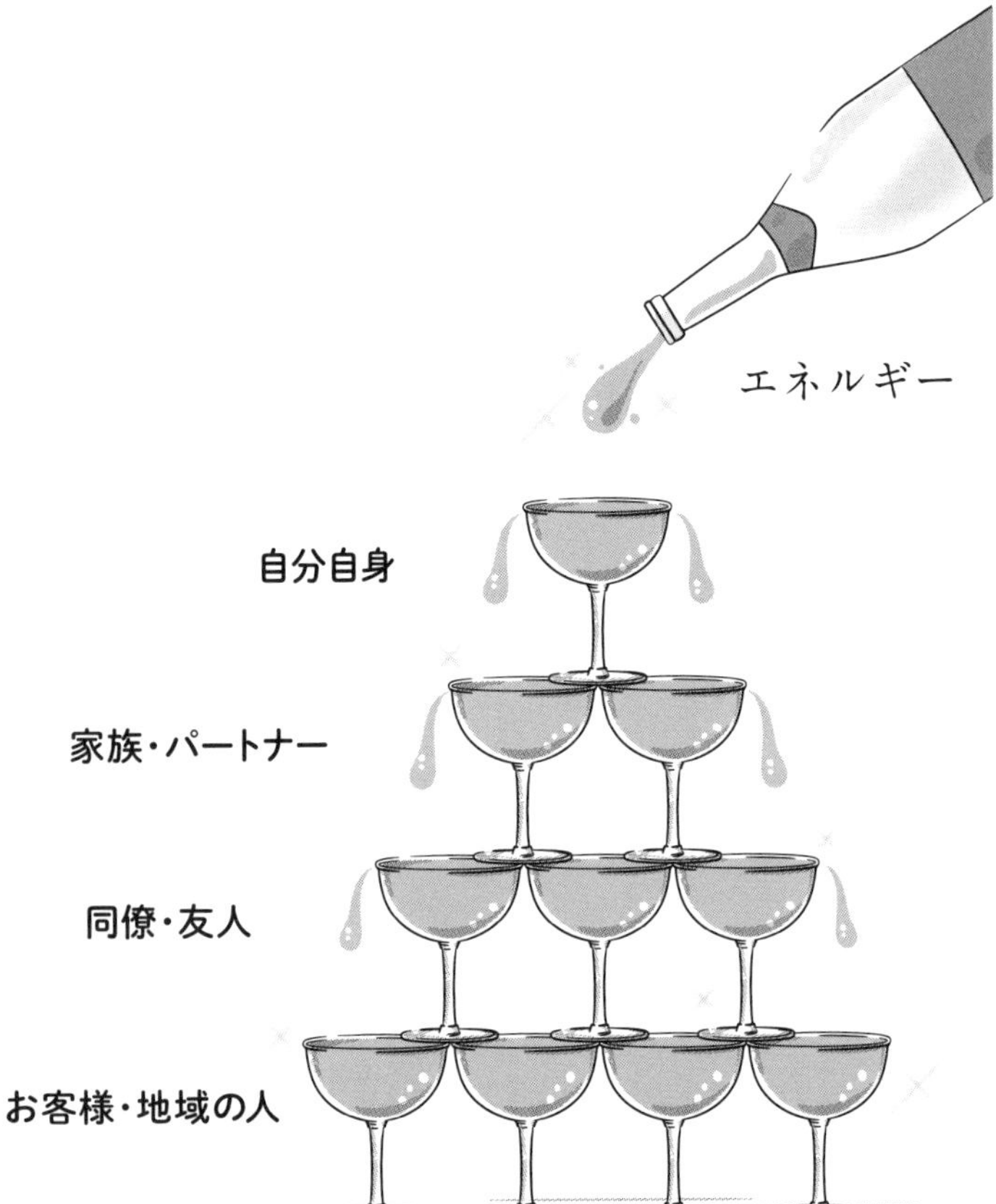
エネルギー
自分自身
家族・パートナー
同僚・友人
お客様・地域の人

立て、シャンパンはエネルギーと考えます。

では、タワー全体を人間関係としてとらえたとき、あなたはどの段のグラスからシャンパンを注いでいるでしょうか？

責任ある役目を担っている人や組織に属している人によく見られるのが、上の段にはかまわず、いきなり4段目のお客様や地域の人たちからシャンパンを注いでいるケースです。自分の役目を果たそうと一生懸命になるあまり、自分や近しい人のことはさておき、遠くにいる人からシャンパンを注ぎ込んでしまうのです。

また、3段目の会社の同僚や友人たちから先にシャンパンを注いでいるケースもあります。

結婚している女性の場合、特に専業主婦の方たちなどは、2段目の家族のグラスにシャンパンをすべて注ぎ込んでいる人もいます。

でも、それでは、自分のグラスはいつまでも空のままです。

その状態で、人生のバランスを取ることができるでしょうか？

あなたが誰かに何かをしてあげたけれど、相手から思ったような反応が得られず、「こんなにしてあげたのに！」と思ったことはありませんか？

もしあったとしたら、それは自分のグラスが空の状態だったからです。

自分のグラスが空だと、人は他人からエネルギーを奪いたくなります。相手から見返りを求めるようになってしまうのです。

心に余裕がないので、周りの人に笑顔で接することもできません。その状態では、相手のためになる働きかけはなかなかできないと思います。自分が本当に満たされていたのなら、相手から何も返ってこなくても気になりません。

バランスのいい人生を築くには、最初に自分のグラスから満たす必要があるのです。他の人から満たされることもあるかもしれませんが、**自分でグラスを満たすことで、自分の望む状態を自らつくり出すことができる**からです。

では、あなたはどうやって自分を満たしていきますか？

小さなことでいいのです。

- 趣味の時間を増やしてみる
- 自分の時間をつくって、気持ちのいい場所に出かけてみる
- 大好きなレストランで好きなものを食べる
- 運動をする
- コーヒーを飲みながらボーッとする

自分の好きなことをして、自分のグラスが満たされていくところを想像してみてください。

あなたのグラスが満たされ、その満たされた状態から溢れ出たエネルギーが周りの人に伝わっていったときに初めて、周りの人も幸せになります。

それが、シャンパンタワーの法則です。

ぼくが20代のときは、一番上のぼくのグラスはまったく満たされていませんでした。家庭に時間を割いていなかったので、もちろん、2段目も満たされていません。3段目の社員にも厳しくしていたので、彼らを満たしてあげることもできず、4段

目の顧客に向かってのみ、シャンパンを注いでいました。

その結果、人生のバランスも崩れてしまいました。


会社をクビになって、改めて自分の人生を振り返ってみると、ぼくには何も残されていなかったのです。

「自分のすべての時間を注ぎ込んできた、あの時間は何だったんだろう？」

「今の自分に、一体何が残っているんだろう？」

そのときは、二度と経験したくないような空虚感を味わいました。


そんな経験から、ぼくはまず、一番上の自分のグラスからエネルギーを注ぎ込み、自分を満たした状態にすることが何よりも大切だと考えています。

時と場合によっては、自分のグラスからではなく、家族や周囲の人からエネルギーを注ぐ必要もあるでしょう。でも、そうでないときは、自分自身から満たしていかなければ、エネルギーは循環していきません。

この法則を実践するようになってから、心にゆとりが生まれ、人との接し方も変わ

BAD

不安定

BEST

エネルギーが満ちる ＝ 心の安定

りました。
家族との関係も、友人たちとの関係も、仕事のやり方も徐々に変わっていきました。
結果的に、ぼくの人生に大きな変化が生まれました。
今では、ぼくの周りにたくさんの笑顔が見られます。
それは、ぼくがこのシャンパンタワーの法則を実践できているからだと思います。

よい質問とは？「しつもん」の効果

ぼくが人生のバランスを取れるようになった要因はいくつかありますが、大きな要因の1つは「自分自身に質問をしたから」です。

質問にはさまざまな種類があり、それぞれ効果が違います。

その効果を知ったうえで質問をうまく使えるようになると、人はもっと楽に生きていけるようになります。

たとえば、日常会話の中で最も多く使われているのが、自分の知りたいことを聞き出す「疑問」です。


「今日は何時に出なきゃいけない？」

「準備に必要なものは何？」

「○○はどこにしまったかな？」

こうした疑問は、他人に対しても、自分に対しても、よく使っていると思います。事実や状態を確認できるので、生活には欠かせない質問でもあります。

また、質問には、心の中にある本当の思いを引き出す質問もあります。アイデアや解決策、改善策を生み出すことができる質問もあります。

ぼくはそんな効果のある質問を区別するために、「しつもん」と呼んでいます。

「いつも自分にたくさん質問しているけれど、そんな効果を感じたことがない」という方もいるかもしれません。

その場合は、使っている質問が、自分を責める尋問になっている可能性があります。

尋問の多くは「なぜ？」から始まります。

「なぜ、できなかったのだろう？」

「なぜ、失敗したのだろう？」

というように、過去のマイナス部分にフォーカスするこれらの質問からは、「忙しかったから」「やり方がよくわからなかったから」などの言い訳しか出てきません。

すると、解決策が出てこないので、前向きに進むことが難しくなります。

バランスのよい人生を送るには、本質がより明確になったり、前に進むアイデアや改善策、解決策を生み出したりする「しつもん」を自分自身に投げかけることが大切です。

先ほどの失敗したケースを、尋問ではなく「しつもん」に置き換えると、次のようになります。

●「どのようにしたら、それが達成できたのだろう？」
《過去を振り返り、改善できたはずの要素に着目》
●「成功させるために、今の自分ができることは何だろう？」
《未来に焦点を合わせる》

同じように失敗しているのに、そう問いかけてみると、出てくる答えが変わることがわかるはずです。

こうしたしつもんからは、「自分が苦手なことを誰かに託す」「もっとゆとりのあるスケジュールを立てる」など、改善を前提にした具体的な行動案が出てくるので、やる気が出たり、ワクワクしたり、未来が見えてきたりします。

自分にしつもんするということは、自分と対話することです。

いかに自分と対話するかということが、理想的なバランスの人生を送る鍵なのかもしれません。

しつもんは、無意識を意識化してくれます。

そして、自分が最も必要としている答えを導き出してくれます。

すると、急に怖くなることもあります。

それは、本心が見えてくると、今保っているバランスを崩すことがあるからです。

人は無意識に変化を怖がります。それは、人の心の特性です。

そんなときは、「今のバランスを崩すのは難しい」「自分には無理」と思うのではなく、その先にある未来を想像してみてください。

今の状態を続けて、あなたの望む未来になるでしょうか？

もしそうでなかったとしたら、一度立ち止まって「自分はどうしたいのだろう？」と考えてみる時期なのかもしれません。

本当に得たい未来のイメージが見えてきたら、多少怖くても、人は乗り越えることができます。

もちろん、急激に変化を起こす必要はありません。

焦らず、怖がらず、「しつもん」を使って、自分がどうしていきたいのかを見つけていきましょう。

バランスのいい人生から得られるもの

今のぼくは、昔に比べると生きることが本当に楽です。

それは悩みがないということではなく、悩みが生まれたとしても、すぐに解決できる心の状態にあるということです。

昔を振り返ると、周りに何もない、カラカラに乾いた砂漠にいるようでした。世界はモノトーンでした。

今は、感性もより豊かになり、毎日に輝きを感じています。一日を振り返ったとき、心から「いい日だったな」と思えるようになりました。

これは、本当に大きな変化だと思います。

体も楽になりました。

仕事量は以前と同じくらいかそれ以上のときもあるのに、ほとんど疲れることがありません。別に体力がついたわけではないのに、疲れ方が違うのです。

また、最近では、バランスが取れていない人とはあまり一緒に過ごさなくなりました。なぜなら、バランスが取れている人とそうでない人が一緒にいても、互いに楽しくないからです。

気がつくと、バランスが取れている人ばかりが自分の周りに集まってくるようになっていました。

そうなると、人生がとても心地よくなります。

この本を読んでくれているあなたにもそんな感覚を味わってもらえたら、本当にうれしく思います。

バランスを考えるために大切な8つの要素

33歳のときに、ぼくは人生とビジネスを豊かにする「マンダラ思考」に出合いました。

「マンダラ思考」とは、クローバ経営研究所の故・松村寧雄《まつむらやすお》先生が開発された、3×

3の9マスシートを使って人の思考を視覚化する方法です。

この思考法と出合い、人生において大切にしたい8つの要素（健康、仕事・活動、お金、家庭・身近な人たち、社会とのつながり、人間力、学び、遊び）があることを知りました。

もちろんそれまでも、人生のバランスは自分なりに意識していましたが、自分の人生を構成している要素は、仕事・家庭・学び・遊びくらいだと思っていたのです。

その8つの要素の中に「健康」が入っていたことで、「えっ、健康か。でも、確かに体が元気じゃないと何もできない」と再確認できました。

また、お金に関する項目を見て、「お金も？　そうか。お金に対する意識も確かに大事だな」と改めて思いました。

それ以降、その8つの要素を意識して、よりバランスを取るようにした結果、劇的に人生が変わったのです。

それまでまったく意識していなかった部分を意識し始めたので、より大きな変化が生まれたのかもしれません。

この8つの要素については第3章で詳しく説明しますが、この項目では、ぼくの人生がどんなふうに変化したのかをお伝えしたいと思います。

健康

健康に関しては、食べ物を気にするようになりました。

それまでは、講演会後の夜遅い懇親会でも健康を気にせずに食べていましたが、揚げ物は控える、野菜を多く摂る、などを意識したので、体調もよくなりました。

仕事・活動

仕事に関しては、「どうするのが自分にとって一番よい状態であるか」を意識した結果、一人で全部やろうとするのをやめ、仲間と一緒にやることを心がけました。その結果、ぼくは得意なことだけをすればよくなり、仕事がやりやすくなりました。

これはぼくの人生の中で、大きな出来事の1つでした。

また、休みもしっかり取り、その時間を家族のために使うことにしました。最初の年には、勇気を出して、2週間の夏休みを取りました。それまでは2~3日しか休んでいなかったので、これも大きな変化の1つです。

最初は「2週間も休んで平気かな?」と不安でしたが、特に問題はありませんでした。

翌年も2週間の休みを取って問題がなかったので、とことんまでつきつめてみようと、3カ月間休むことにもチャレンジしました。

ただ、面白いことに、3カ月も休みを取ると、「そろそろ活動したい」と思うようになりました。よく「年の半分は休暇を取って南の島で過ごし、半分は仕事をする」という夢を聞くことがありますが、ぼくにとっては、それはバランスが取れていることにはならないようです。

社会

社会という項目では、「自分にできることで、世の中にどう貢献していくか」と考えた結果、2007年から、学校で質問の授業を無料で行うようになりました。

それは、結果的にぼくの活動をたくさんの人に知ってもらうことにもつながりました。

遊び

遊びを意識していなかった時代は、人から誘われても、「忙しいから」と断ってばかりいました。遊びを意識し始めてからは、なんとか時間をつくり、「やってみたいな」と思っていたけれど時間がなくてチャレンジできなかったことにも挑戦するようになりました。小型飛行機の操縦やダイビングなどの経験は、ぼくを新たな世界へと導いてくれました。

結果的に、自分の人生に「楽しかったな」と思う時間がどんどん増えていきました。

「遊び」を意識する前は、どちらかというと保守的な人間だったと思います。自分の知っている世界だけで生きていくのでかまわないと思っていたので、新しい世界を開拓する必要性を感じていなかったのです。

でも、「遊ぶ」ということに意識を向けた結果、いろいろなことにチャレンジする楽しさを知りました。

何よりも、体をリラックスさせる大切さを知ったのは大きいポイントでした。

人生で大切にしたい要素があることを知って、ぼくの人生はとても豊かになりました。

そして、それらのバランスを取ることで、人生がさらにうまく回り始めたのを実感したのです。

chapter 2

バランスポジションの見つけ方

自分自身の状態に意識を向ける

バランスのいい人生を送るには、自分の状態を知ることが必要不可欠です。
自分の今の状態を知るために、次のしつもんに答えてみてください。

「今、あなたの人生はバランスが取れていますか？」

いかがでしょうか？　恐らく、「はい」と答えられる人はそう多くないと思います。
では、次のように聞かれたら、あなたは何と答えますか？

「人生のどの部分のバランスが取れていないと思いますか？」

自分の状態をしっかり把握できていないと、このしつもんには少し答えにくいかもしれませんね。

もし、どちらのしつもんにもきちんと答えられなかった場合や、「わからない」と答えた場合は、バランスが取れていない可能性があります。

なぜなら、ふだん意識していないことは、なかなか答えが出てこないからです。

答えは、今はわからなくても大丈夫です。

質問されると、潜在意識は答えが出るまで探し続けるからです。潜在意識は働き者です。本当に必要なときに、答えを引き出してくれるでしょう。

1つだけ注意したいのは、**バランスのいい人生とはあくまでも本人が決めること**だということです。

とても忙しそうで、はたから見ていて心配になるくらいの人でも、本人が「バランスが取れています」と自信を持って言えるなら、それでOKです。

その判断は、他人ではなく自分がするものだということを忘れないでください。

バランスポジションは人によって違う

先ほどのしつもんに「バランスが取れていない」「わからない」と答えた方がいたら、これから、バランスを取るために必要な意識づくりを一緒にしていきましょう。

最初に必要なのは、本当に心地よく感じられる、あなたなりのバランスポジションを知ることです。

バランスを取るとは、きっちり等分に力を注ぐことではありません。

「私は仕事よりも家族と一緒に過ごすことにエネルギーを注ぎたい」という人なら、仕事が40%、家庭が60%の状態がバランスが取れていることになります。

「仕事をしているときが一番充実している。でも、遊びの時間もエネルギーの充電には欠かせない」という人なら、仕事は60%、遊びは40%の状態がバランスが取れているのかもしれません。または、仕事が70%で遊びが30%かもしれません。

ここでは、自分なりのバランスポジションを見つけることが大事です。自分の支点はここ、というところを見つけるようにしていきましょう。

人それぞれベストなポジションは違う

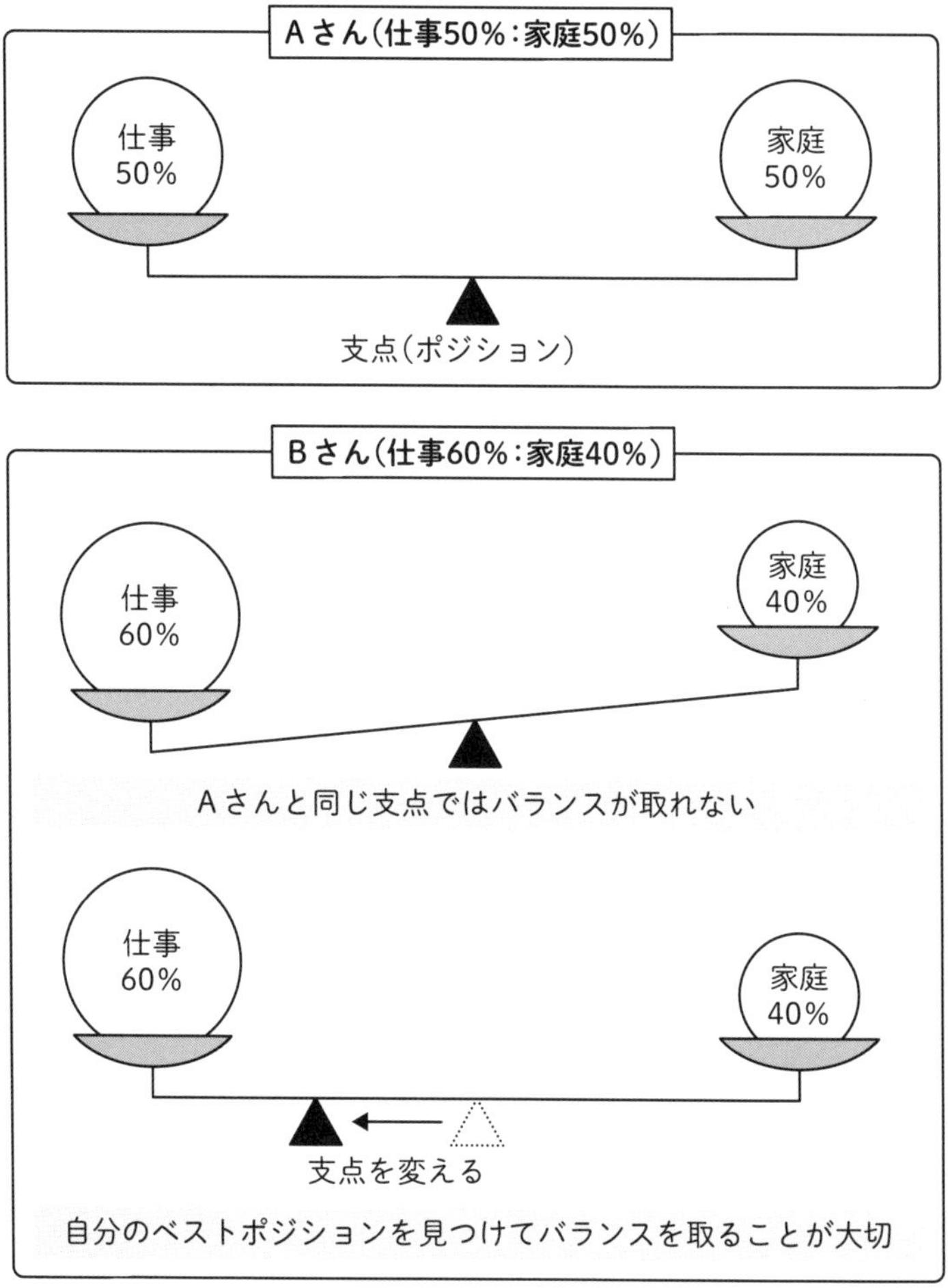

自分のベストポジションは、環境や状態によっても変化していきます。たとえば、仕事を変えたり、結婚したりすれば、ベストポジションも変わってきます。

大切なのは、自分が置かれている状況と自分の状態をチェックして、バランスを取るよう意識し続けるということです。

自分と対話する時間を持つ

バランスを取るには、何が好きで、何が嫌いで、何をしたいのか、何をしたくないのか、この4つの視点を持つことが必要です。

この4つを探すとき、気をつけたいことがあります。

それは、思考をあまり働かせないようにすることです。

なぜなら、考えすぎない状態で出てきた答えのほうが、より本質に近いからです。

思考が働いていない状態にするには、次の2つのパターンがあります。

①忙しすぎて考えられない状態

②外部からの情報をシャットアウトして、頭をからっぽにした状態

①は走り続けていて、考える暇もない、立ち止まることなどできないパターン。②は誰にも邪魔をされない時間をつくり、余計な思考は横に置いておくパターンです。

この②の状態が、第1章でも述べたように本当の意味での「立ち止まる」ということです。

この時間は、誰かのための時間ではなく、自分のための時間です。

ぼくはこれを自分自身と対話する「自分ミーティング」と呼んで、大切にしています。日々のスケジュールの中に組み込み、自分自身と向き合うようにしています。

では、自分ミーティングでどんなことをすればいいのでしょうか？

自分ミーティングでは、健康や家族などの**自分が大切にしたいテーマを決めて、その件に関して「これからどうしたい？」と自分にしつもんしていきます。**

たとえば、少し体の不調を感じていた場合、健康について考えるとします。

そして、「最近、体にした悪いことは何だろう？」と自分自身にしつもんします。

そこで、「夜の10時半過ぎにつきあいで食事をした」「ここのところ、夜更かしが続いている」などの答えが出てくれば、「次は断ろう」「もう少し早く寝る努力をしよう」など、問題に対応する次の行動を意識することができます。

もちろん、同じように体の不調を感じても、「何でだろう？　疲れてるのかな？」と流してしまうこともできます。すると、要因はうすうすわかっているのに、同じことを繰り返しがちになります。

自分にしつもんすることで要因が特定できれば、人は次から違う行動を取れるようになります。なんとなくやり過ごしてしまうのではなく、そこに意識を置くことがとても重要なのです。


ただ、問題なのは、自分ミーティングの時間がなかなか取れないことです。

ぼくたちの生活の中で、最初に削りやすいのが自分のための時間です。

他の用事を削ると誰かに迷惑がかかることがありますが、自分ミーティングの時間を削って困るのは自分だけです。そのため、一番初めにスケジュールをキャンセルしてしまうのです。

バランスのいい人生を送るには、自分と対話する時間は欠かせません。できるだけ、この時間を取るようにしてください。

自分ミーティングをおろそかにしないためには、自分ミーティングの時間を他の用事と同じようにスケジュール帳に書いておき、仕事や人との約束と同じように扱うことが大切です。別の予定が入りそうになっても、自分ミーティングが入っている時間は避けるようにします。

それがバランスのいい人生を継続する1つの鍵かもしれません。

また、自分ミーティングをするタイミングは、慣れるまでは定期的がいいと思います。

最初は週に2回、自分自身にしつもんするということを、3週間やってみましょう。慣れてきたら、不定期でもOKです。時間は1時間でも、半日かけてもかまいません。場所は、カフェでも、図書館でも、温泉でもいいと思います。

自分が落ち着ける場所を選んで、自分とじっくり向き合ってみてください。

ものごとの本質を引き出すしつもん
改善策を引き出すしつもん

ぼくがすべてを失ったとき、最初にしたのが、今までの行動の振り返りです。

そこで、ぼくが自分自身にしたしつもんは非常にシンプルでした。


「なぜ、こんな状況になったのだろう?」


というしつもんです。

実は、ぼくが講演会などでしつもんの効果を最初に説明するときは、『なぜ』はできるだけ使わないように」とお伝えしています。それは、第1章でも既に述べたように、「なぜ」を使ったしつもんは尋問になりやすいからです。

しかしながら、「なぜ」を使ったしつもんには、もう1つとても有効な使い方があります。

それは、「ものごとの本質を知ることができる」「要因をはっきりさせることができる」という効果です。

ぼくが自分自身にした「なぜ」というしつもんは、自分を責めるためではなく、再発を防止するためのもの。つまり、自分の失敗の本質に迫るしつもんが、このときの「なぜ」でした。

「なぜ」の効果

- 質問者が相手（自分）を責める質問　↓　尋問
- ものごとの本質を引き出す質問　↓　しつもん

ものごとの本質を引き出す「なぜ」というしつもんに答えてわかったのは、当時のぼくが「自分のことしか考えていなかった」ということです。

どんな人でも、自分のことしか考えていない人の側にはいたくないはずです。

周りの人も、そんなぼくには協力したくないと思ったでしょう。うまくいかなかったのもわかる気がしました。

このしつもんは、ぼくに問題の本質を見せてくれたのです。

そして、「同じことを繰り返すのはもうやめよう」と誓うことができました。

要因が把握できたところで、次にこんなしつもんをしました。

「やりたくないことは何だろう？」
「自分が本当にやりたいこと、ワクワクできることは何だろう？」
「自分にとって、心から楽しめるものは何だろう？」

最初の「やりたくないことは何だろう？」というしつもんに答えたとき、それまでの自分が、いかにやりたくないことをたくさんしてきたのかがよくわかりました。

中には、あまり得意ではないのに、お金をもらえるからと無理してやっていたこともありました。これでは長続きするはずがないと改めて思いました。

やりたくないことをしているということは、自分が「恐れの選択」をしているということです。

これを無意識に続けていたと思うと、「自分はよく頑張っていたなあ。でも、本当にきつかったな。もう二度と同じ状態にはなりたくない」と思いました。

残りの2つのしつもんに、最初は何も浮かんでこなかったので、第1章でもお伝えした通り、それまでの人生でしてこなかった「休み」を取ることにしました。

そして、時間が経つとともに、自分の中から答えを引き出すことができました。

その結果、今のぼくがいます。

自分自身にしつもんをしなければ、今のぼくはいなかったと思います。もしかしたら、リベンジしようと、もう一度同じような仕事を選び、同じように苦しんでいたかもしれません。

すべての答えは自分の中にあります。

自分自身に「本当にやりたいことは何か」を問いかけずに進み続けていくことは、自分の時間を無駄に使うことにもなりかねません。

ぜひ、効果的なしつもんを使って、自分の中にある本質に気づき、一歩前に踏み出す改善策を引き出していただけたらと思います。

その選択は自然ですか？　不自然ですか？

よく、「自分のしている選択が、『愛の選択』か『恐れの選択』かわからない」という相談を受けることがあります。

そんなときは、「**その選択が自分にとって自然か、それとも不自然なのか、自分の心と体に聞いてみよう**」とお伝えしています。心が「やりたいな」と思っているか、「あまりやりたくない」と思っているのかを、まずは確認するのです。

もちろん、置かれている環境や状況も関係するので、気が進まなくてもやらなければならないときもあります。

そうすると、今度は体に不調が現れたり、ものごとがうまく進まなくなったりします。

恐れの選択が避けられないときは、ぼくはそれなりの〝覚悟〟をして行うようにしています。たとえば、よくないことが起きるかもしれないという前提で、ものごとを進めたりするのです。

何か問題が起こったときの心構えにもなりますし、次回から同じことを繰り返さないためのよい学びにもなるでしょう。

自分の心と体に常に相談しながら、自分にとって自然な選択のみをしていこうと決めると、人生のバランスが整い始めます。

しつもんを使えば、よりスムーズに愛の選択をすることができるのです。

しつもんを使って、自分と対話することにチャレンジしてみましょう。

行動に伴う感情を把握しよう

では実際に、やりたくないことを減らし、やりたいことを増やすための行動を起こしていきましょう。

まず、今の状況を把握するために、行動記録を取ります。

ここで1つ、しつもんです。

「今日、何分間SNSをチェックしましたか？　そのとき、自分の感情はどんな状態でしたか？」

いきなりこう聞かれても、きちんと答えられる人はいないと思います。

それは、行動を無意識レベルで起こしていることが大半だからです。

無意識でしている行動にどんな感情が伴っているのかを、普段から意識している人はあまりいないでしょう。でも、その状態だからこそ、人は好きでもないことを我慢して続けることができるのかもしれません。

無意識に行動しているときの感情を改めて意識することで、自分の行動を見直すことができるようになります。

では早速、次のワークをしながら、自分の行動と、そこに伴う感情を発見していきましょう。

《ワーク》行動に伴う感情を発見する

ステップ❶　行動を書き出す
ステップ❷　それに伴う感情を書き出す
ステップ❸　理想の状態を考える

ステップ❶ 行動を書き出す

ステップ❶では、一日の行動を時間ごとに書き出します。朝起きた瞬間から寝る瞬間までの行動を、できるだけ細かく書くようにします。

このワークに初めて取り組むときは、比較的、自分の自由にできる休日の行動をチェックするといいでしょう。イレギュラーな休日ではなく、平均的な休日をチェックするようにしてください。

慣れてきたら、仕事をしている日の状態をチェックするようにします。

ステップ❷ それに伴う感情を書き出す

ステップ❷では、その行動に伴っている感情を見ていきます。

書き出された行動を眺めながら、その行動に伴っている感情を横に書き出します。

その行動によって、自分がどんな感情を持っていたかを観察していきます。

よく、「その行動について、どんなふうに感じますか?」としつもんすると、「時間がもったいない」「もっとしっかりやろう」「規則正しい生活をしなければいけないと思った」と言う人がいます。

でも、それらはすべて感想、つまり思考です。

そういった思考ではなく、その行動に伴っている「うれしい」「悲しい」「つらい」「楽しい」「切ない」「ワクワクする」などの感情を把握してください。よくわからないときは、「いい感じがする」「嫌な感じがする」というのでもいいでしょう。

習慣化された行動に関しては、自分ではどんなふうに感じているのか気づかないことが多いものです。

書き出すことで、自分でも思ってもいなかった感情に気づく人もいるかもしれません。


「これをしているときはうれしい」

「この時間はいつも同じように過ごしているけれど、あまりいい状態じゃない」

「この行動はよい習慣だと思って始めたけど、実はあまり楽しくない」

その行動が、自分にとってどんな感情を生んでいるのかを知ると、どの行動を減らして、どの行動を増やしたいのかがわかると思います。やめたいものも見えてくるでしょう。

人生は、瞬間の繰り返しです。

その瞬間、瞬間に感情が伴っているのなら、できるだけうれしい瞬間を増やしていきたいと思いませんか?

このチェックを行うと、自分の感情がわかって「あまりいい一日を送れていなかった」と落ち込む人がいます。

でも、その必要はありません。「今、自分はこんな状態なんだ」と知ることが大事だからです。

これまで無意識下で感じていたことを知ることができたのですから、改善できるポイントを見つけられたのは、むしろいいことかもしれないのです。

これは、企業でバリバリ働いている女性のSさん（35歳）のケースです。

Sさんは、平日は遅く帰ることが多いので、休日である土曜日の午前中は寝ていることが多いそうです。お昼過ぎまで寝てしまうこともあり、起きた瞬間に、「ああ、もう一日の半分が終わっちゃった。天気がいい日なのにもったいない。がっかり」と、気分が落ちる。その後、大抵は掃除を始めますが、片づけようとした雑誌をつい読みふけってしまったりして、全部を終えることはまずありません。

ある休日は、掃除の途中で友人から誘いの電話がかかってきて、そのまま支度をして出かけたそうです。友人と出かけるのはワクワクするけれど、夜遅くに家に帰ってきて部屋が雑然としているのを見たとき、「来週までこの状態なんだ」と、とても悲しい気持ちになる……。

自分の休日をチェックしてみて、Sさんは、「起きた瞬間にがっかりすると、その日一日をがっかりな気持ちで過ごしていることに気づいた。同じような週末をこれまで何度も繰り返していたと思うと、とても寂しい気持ちなった。もっとワクワクする休日を過ごしたい！」と思ったそうです。

Sさんのように、無意識下にあった自分の感情に驚く人は多いと思います。

でも、自分の感情を知らなければ、改善することはできません。

事実は「そうだったのか」と受け止め、次のステップに進みましょう。

理想の状態に近づくには？

ステップ❶、ステップ❷を終え、自分がどんな状態で一日を過ごしているかを把握したら、ステップ❸に進みましょう。

ステップ❸では、これから自分がどうしていきたいかを考えていきます。

ステップ❸ 理想の状態を考える

「自分の理想の状態はどんな状態だろう？」と自分に聞いてみましょう。

理想の状態がイメージできたら、後は、「その状態にするためにどのように取り組んでいくか？」を考えます。

「メールのチェックが済むと、そのままSNSを見てしまい、気づくと2時間を超えることも。パソコンを開いたら、使用時間を決めておく」

「家事を終えた後にお茶をいれたら、テレビをつけて、そのまま2時間くらい、そんなに観たくない番組を惰性で観るのが習慣。それをやめて、家事が終わったらすぐに買い物に行くなど、その日できることを先に済ませる」

など、改善策が出てくると思います。

ただし、仮に無駄な時間が多いとしても、その時間が自分にとって心地よい場合もあります。その無駄な時間も含めて、それがその人にとってバランスが取れている状態だからです。

自分にしつもんしてみて「今のままでいい」と思うのなら、それでかまいません。

理想と違ったときのみ、一歩ずつ、理想に近づくようにしていきます。

このワークでは、日々の生活の中で、できるだけ「いい感じ」の瞬間を増やしていけるように意識しましょう。

また、あらゆる瞬間を本当に心地よくするには、日々の調整が必要だということも覚えておいてください。

飛行機の操縦をしたときに初めて知ったのですが、飛行機は常に風や抵抗にあおられるので、一生懸命キープしなければ、まっすぐ飛ぶことはできません。

バランスのいい人生も同じです。

その瞬間ごとのバランスがとても大事になってきます。

行動や感情は毎日変化しますし、環境も変わっていきます。

理想の状態を一度決めて安心していると、周囲の状況が変わっていることに気づかず、知らないうちにバランスを崩していることもあります。

自分の理想とするバランスのいい人生を目指すには、日々の微調整を意識することも大切です。

ケーススタディ❶ 休日の行動に伴っている感情とは？

研修講師をしているYさん（30代）は、仕事でいつも外に出ているので、何も予定のない休日は家にいることが多いそうです。

Yさんの休日の行動を書き出してもらい、その行動に関して、どう感じているかをチェックしてもらいました（88ページの図参照）。

Ｙさんの休日の行動と感情

時間	行動	感情
7：00	起床。カーテンを開け、洗濯機を回し、その後二度寝する	二度寝する瞬間はいい感じだけれど、全体的には嫌な感じ
10：00	この時間まで二度寝	いい感じ
11：00 ～ 12：00	ブランチ	いい感じ
12：00 ～ 14：00	テレビをつけて、ボーッとしながらなんとなく仕事のことを考える	嫌な感じ
14：00 ～ 16：00	目についたところを片づけながら、パソコンを開いて資料やスケジュールをチェックする	仕方なくやっているので嫌な感じ
16：00 ～ 19：00	夕方の買い物に出る＆料理をする	いい感じ
19：00 ～ 21：00	食事＆片づけ	だらだらしてしまうので嫌な感じ
21：00 ～ 22：00	お風呂＆読書	いい感じ
23：30 ～ 24：30	パソコンチェック	嫌な感じ
24：30 ～	寝る	休日をもったいなく過ごしてしまった感があり、嫌な感じ

一日の行動と感情をチェックしたYさんは、「休みの日なのに気持ちを切り替えられていない。寝る前にすっきりしない気分の日が多かったのは、一日の中で嫌な感じの時間が長かったのが原因だ」と気づいたそうです。

そして、「一度に片づけをしようとするから、いつも中途半端になってしまう。『今日はここ』と場所を限定して、楽しくやりたい。お天気がいい日は、テレビをつけずに、近所の公園まで散歩に行きたい。楽しいと思えることを、一日に1時間でも2時間でも入れて、効率的に休日を楽しむための工夫をしていきたい」という改善策が出てきました。

また、仕事が大好きなKさん（50代）は、「仕事が大好きで、休日も仕事を入れていた。自分の一日をチェックしてみて、最初はたくさん仕事が入っていて、充実していて『うれしい！』と思っていたけれど、じっくり見ていたら『本当はこんなに働きたくない』と自分が思っていることに気がついてびっくりした。仕事を入れない休日をつくろうと思った」という感想を持ちました。

主婦のSさん（40代）は、「休日もブログを毎晩更新しているが、思った以上にそれに時間を取られていることがわかったのと、実はその時間がもったいないと自分が思っていることに気がついた。毎日更新することにこだわるのをやめ、更新も昼間にやったら、早めに切り上げられる気がする」と感じたそうです。

平日は仕事で忙しく、家でゆっくり休むことのないMさん（30代）は、「休日は、『外に出たほうがよい』という意識が強くて、できるだけ外に出るようにしていた。でも、本当は家にいるのが大好き。図書館に行ったり、わざわざカフェに出かけていたりしたのは、自分にとって『ノルマをこなしているような感じ』がしていたことがわかった。これからは、もっと気持ちよく家にいようと思う。朝起きたときにつけるテレビも習慣化しているが、これもあまりうれしくない感じがした。その代わり、好きな音楽をかけようと思いついたら、急にワクワクしてきたので実践したい」と話してくれました。

このように、**習慣的に起こしている行動には必ず感情が伴っているのに、意識しな**

ければ、その感情に気づくことは難しいものです。

このワークで自分の状態を理解して、改善に向けて行動を起こし、瞬間ごとの満足度を上げていきましょう。

ケーススタディ❷ 20代・30代のときのぼくの典型的な一日と40代の今の一日

デザイン会社を経営していた28歳のぼくは次のページのような生活をずっと続けていました。一日のほとんどに、喜ばしい感情はありません。唯一、寝る瞬間だけ、喜びを感じていました。

そして93ページは30代のある一日です。忙しいですが、どの行動もとてもいい感じで、直したい部分はなく、とても満足していました。

さらに94ページは40代（2023年現在）の一日ですが、30代の忙しい日々とまるっきり変わり、〝余白〟の時間がだいぶ多くなっています。今はこれがバランスの取れた状態です。

20代のある一日

時間	行動	感情
9:00	起床。シャワー、洗濯、朝食	疲労感
9:30 ～ 12:30	メールチェック、スタッフへの指示	熱心
12:30 ～ 13:00	車で移動。コンビニで昼食を買い、車内で食べる	
13:00 ～ 14:30	クライアントと打ち合わせ	プレッシャー
14:30 ～ 15:00	車で移動	
15:00 ～ 16:30	クライアントと打ち合わせ	プレッシャー
16:30 ～ 17:00	車で移動	
17:00 ～ 18:30	クライアントと打ち合わせ	プレッシャー
18:30 ～ 19:00	車で移動。会社に戻る	
19:00 ～ 23:30	デザイン制作	熱中
23:30 ～ 24:00	退社。ファストフード店に寄り、10分で食事。その後帰宅	
24:00 ～ 2:00	仕事（デザイン制作の続き）をする	熱中
2:00 ～ 2:30	シャワーを浴び、寝る	リラックス

30代のある一日

時間	行動	感情
6:30 〜 7:30	起床。朝食を食べ、支度	希望
7:30 〜 8:30	自宅近くの温泉に行く	リラックス
9:00 〜 12:00	新幹線で東京に移動。車内で資料づくり	熱心
12:00 〜 13:00	ランチ	
13:00 〜 15:00	自分ミーティング。スケジュールのチェックと来年度の理想の計画づくり	希望
15:00 〜 15:30	移動	
15:30 〜 16:30	出版ミーティング	希望
16:30 〜 17:00	移動	
17:00 〜 18:00	講演打ち合わせ	喜び
18:00 〜 18:30	移動	
18:30 〜 19:00	講演準備	プレッシャー
19:00 〜 21:00	講演	満足
21:00 〜 22:30	講演参加者と食事会	喜び
22:30 〜 23:00	移動	
23:00	東京オフィス着	
23:00 〜 24:00	お茶＆トレーニング	リラックス
24:00 〜 24:30	お風呂	リラックス
1:00 〜	就寝	リラックス

40代のある一日

時間	行動	感情
8:00	起床	充実感
8:15 ～ 8:30	起きてすぐビーチで目覚めの泳ぎ	リフレッシュ
9:00 ～ 10:00	自分と対話するノートタイム	幸福
10:00 ～ 12:00	執筆&クリエイティブタイム	多幸感
12:00 ～ 13:30	夫婦でランチ	安心
13:30 ～ 14:00	移動	
14:00 ～ 17:30	友人とカフェ スキマ時間でお仕事	楽しい
17:30 ～ 18:00	移動	
18:00 ～ 20:00	友人とディナー	喜び
20:00 ～ 21:00	ヒュッゲ (自宅でくつろぐ)	リラックス
21:00 ～ 22:00	お風呂	リラックス
22:00	就寝	リラックス

バランスを取るために何をやめるか?

人生のバランスを取るためには、何かをやるだけではなくて、何かをやめる必要も出てきます。

ぼくも、デザインの仕事から質問家としての仕事にシフトしようと思ったとき、さまざまな葛藤がありました。

デザインの仕事はやめると決めているのに、「質問で食べていく」という自信がないので、デザインの仕事の依頼が来ると、つい請けてしまう。一旦引き受けてしまえば、得意なことではあるし、納得のいくものもでき、お金も入ってきます。

けれど、自分が最もエネルギーを注ぎたいことに力を注いでいないことにハッと気がついて、「何で引き受けたのだろう?」と落ち込むことが何度もありました。

でも、それを続けていたら、いつまで経っても自分らしいバランスのいい人生を送ることはできません。

「何かを始めるには、何かをやめる」と強く決めなければ、バランスポジションを変えることができないことを痛感しました。

ただ、今あるものをすぐに手放して、本気でやりたいものにいきなり移行するのもあまりおすすめできません。「じゃあ、明日会社を辞めよう」「生活をイチからやり直そう」と焦ると、思っている以上に大変なことになります。

なぜなら、急激にバランスを取ろうとすれば、逆にバランスを崩してしまうからです。

たとえやめるものが明確になったとしても、「これはもうやめます！」とスパッとやめると、周囲も戸惑いますし、弊害も起こります。

そうではなく、「今引き受けているものを最後にして、少し休むと告知する」とか、「来月から減らしていく」というように、少しずつやめていくようにしましょう。

1週間のうち、やりたくないことや気の進まない仕事を10時間しているのなら、とりあえず1時間減らすようにする。

そんなふうに進めていくといいと思います。

「できることから少しずつ変化させていく」ことがバランスを取る鍵でもあり、バランスのいい人生を継続する秘訣です。


ぼくも、質問家としての活動が軌道に乗り始めてからも、仕事のやり方や内容を見直して、やめたこともたくさんあります。

同じような仕事の内容でも、自分の志と合っているものは喜んで引き受けますが、そうでないものは引き受けないと決めると、自然にそれができるようになりました。

「自分らしくない行動をやめる」と一度決めてしまうと、生きるのがとても楽になります。


とはいえ、自分の中に「やめると決めるための判断基準」がないと、迷ったり不安になったりして、きちんとやめることができません。

その判断基準が、行動に伴っている感情なのです。

必要なつきあいももちろんあります。ただ、その先の自分の状態を考えたとき、何が自分にとって心地いいのかがわかっていたら、判断に迷いはありません。素直にその感情に従うだけです。

それが「愛の選択をする」ということなのです。

3つのステップを繰り返していくうちに、これらのことも自然にできるようになります。

そうなったとき、あなたらしいバランスのいい人生が築けるようになっているはずです。

バランスのいい人生をチェックするしつもんをしてみよう！

自分の状態を把握し、自分にとっての理想のバランスのいい人生が見えてきたら、一日の始まりと終わりに、こんなしつもんをしてみてください。

（一日の始まりに）

「自分が理想とするバランスのいい人生を送るために、今日意識することは何ですか？」

（一日の終わりに）

「今日は、あなたなりのバランスのいい人生を送れましたか？」

一度立てた理想も、環境や状況によって変わっていくので、2〜3カ月に一度、またはは明らかに環境や状況が変わったときなどに、再度バランスを見直すようにしてください。チェックしていくと、自分自身の状態とバランスが変わってきていることがわかると思います。

注意したいのが、理想に向かって進んでいるはずなのに、「あれ？　何か違うぞ」と感じるときです。

それは、自分が思っている理想の状態が変わってきているということです。

そのときは、再度状況を見直し、大切にしたいもののウエイトを置き換えてその時点での理想のバランスを考えてみるようにしましょう。

また、ぼくが気をつけているのは、完璧を目指さないということです。人間ですから、理想通りにできないときもあるし、バランスを崩すような大変なことが起こることもあります。

それでいいのです。

確かに、完璧な状態を感じられる一瞬はあるかもしれません。

でも、それを続けることにこだわってしまうと、それは恐れの選択になってしまいます。

バランスのいい人生を送る目的は、完璧さを継続させることではありません。

どんなことがあっても、どのようにしたらさらによい状態になるかと考え、自分にとってよい状態を続けていこうとする。

それを意識することが大切だと感じています。

chapter **3**

自分軸を探す8つの要素

人生を構成する要素とは？

この章では、意識することでぼくの人生を大きく変えた、人生を構成する8つの要素を紹介します。

人生を構成する8つの要素

- 健康
- 仕事・活動
- お金
- 家庭・身近な人たち
- 社会とのつながり
- 人間力

● 学び
● 遊び

人生には大切にしたい要素があるということ、そのとらえ方次第で、人生の広がりを感じられたり、うまくバランスが取れるようになれたりするということを意識してもらえたらと思います。


ただ知るだけでも、人の意識は変わります。

知るための方法の1つが、しつもんするということです。

そして、人はしつもんされたとき、初めて考え始めます。

最初は何も考えずにしつもんに答えてみてください。

もしかしたら、答えられないものも出てくると思います。それは、これまでの人生の中で考えたことのない部分なのかもしれません。

答えは、すぐに出なくても大丈夫です。必要なときに答えは出てきます。

だから、安心してしつもんに答えてみましょう。

健康

1/ どんな健康状態が理想ですか？

2/ あなたの体は、今、何と言っていますか？

3/ あなたの心の満足度は何パーセントですか？

仕事をするにしても、遊ぶにしても、資本となるのは体です。

「健康第一」という言葉があるように、人生の基本はやはり健康なのです。

実際、健康でないと、人生のバランスを取るのが難しくなると思います。

でも、「健康が大事だ」と多くの人が知っているのに、現実には、不調を抱えている人が多いのはなぜでしょうか？

それは、不調を感じるまで、健康を意識していないせいかもしれません。

健康とは、心と体の状態の表れです。

また、体の状態の前に、まずは心の状態が先にあるように感じています。

だからこそ、ぼくは心の状態を整えるために、日ごろから自分の心と対話するようにしています。

でも、自分の心と対話しても、その本音になかなか気づけないこともあります。

そんなとき、今度はそれが体の不調となって表れてきます。

多くの人は「体は話さない」と思っているので、「体の声を聞く」という習慣がある人は少ないかもしれません。

しかしながら、体が訴えていることは必ずあります。その声を聞くことが、自分を大切にすることにつながるのです。

たとえば、胃が痛いのは、突然胃が痛みだしたわけではなく、何か原因があるはずです。そういうときは、「この痛みの原因は何だろう?」と自分にしつもんして、考えてみるといいでしょう。

自分の気持ちを感じたり、体の声を聞いたりすることを習慣化させると、人生のバランスももっと取りやすくなると思います。

仕事・活動

1

どのように取り組むのが理想ですか？

2

なぜ、あなたはその仕事や活動をしているのですか？

3

仕事や活動を通して、あなたが得たいものは何ですか？

仕事とは、「食べるために行うもの」ととらえている人が多いと思います。

でも、ぼくは、仕事とは「自分を表現する役割の1つ」と考えています。

一日のうち、仕事に費やしている時間は多いはずです。

だからこそ、**ただなんとなく仕事をするのではなく、その活動時間をいかに有意義にするかが、人生を豊かにし、バランスを取ることにもつながる**と思います。

ぼくは「仕事で何をしているか」が重要ではなく、「その仕事をどのように取り組むか」が非常に大切だと思っています。

すると仕事に取り組む姿勢も変わってきますし、結果も変わってきます。

また、なぜその仕事をしているのか、理由を見出すことも大切だと感じています。


仕事や家事などに、どのように取り組むのか。

なぜ、それをするのか。


「他にする人がいないから」というような理由ではなく、それを行った先にある価値を見つけられると、仕事への取り組み方も変わってきます。

たとえば、レストランで働いている場合、注文されたものを出せば、その対価としてお金をいただくことができます。

でも、料理をサーブする際に、お客様により喜んでもらえるような工夫ができたらいいと思いませんか？

もらえるお金は変わらなくても、それがあなたの存在価値だと思うのです。

家事も同じです。洗濯にしても、掃除にしても、自分のお小遣いが増えるわけではありません。でも、「ただ洗濯する」「ただ掃除する」のではなく、より家族に喜んでもらえるように意識すると、結果も変わってくるはずです。

一日のうちに費やす時間が多いからこそ、より深く自分の存在価値と結びつけていきたいですね。

お金

1

お金を使って実現したいことは
何ですか？

2

お金を使っても手に入れることが
できない大事なものは何ですか？

3

あなたの経験の中で
お金に変えられることは何ですか？

お金は、生活と密接に関係しています。

それなのに、お金について考えることにタブーがあって、あまり考えないようにしている人が多いと思います。

でも、生活に欠かせない要素だからこそ、お金を意識する習慣を持つことが大切だと思うのです。


多くの人が、「お金がないと幸せになれない。つまり、お金があれば幸せになれるはず」と思っているから、自分や自分の時間を犠牲にして頑張ってしまうのです。

実際、お金で手に入る幸せもあります。

でも、お金では手に入らない幸せも、この世の中には存在します。

大事なのは、お金を使ってできることと、お金を使っても手に入れられない大切なものがあることを知ることです。

お金で買えない大切なものもあることを知っていれば、お金を稼ぐことと、お金では買えない大切なものを持つことのバランスを取ることができます。

「お金はあったら幸せ。でも、なくても幸せ」と思えるようになったとき、人は初めて安心した状態になり、「お金があることが幸せ」という考えから自由になることができます。

すると、お金に対する思い込みやとらわれが外れ、お金に対する意識が整います。

そのうえで理想の経済状態をイメージしていくと、その状態に近づくために必要な行動をスムーズに起こしていくことができるようになるのです。

お金にとらわれたままでお金の流れをイメージしても、そこには「なくなったらどうしよう」という恐れがあるため、うまくいきません。

お金に対する恐れを手放して、そこから理想の経済状態を考えていきましょう。

家庭・身近な人たち

1 身近な人を喜ばせるために何ができますか？

2 あなたの役割は何ですか？

3 理想の家族像はどんなものですか？

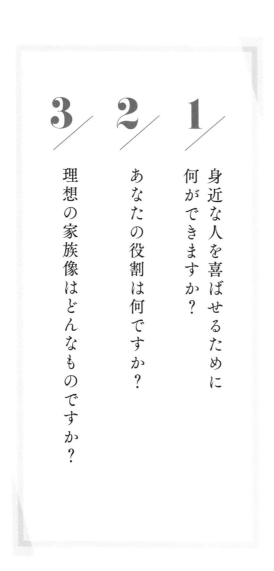

家族やパートナーなどの身近な人たちは、バランスの取れた人生を送るうえで大切な存在です。

この人たちとの関係がうまくいっていないと、シャンパンタワーの法則（43ページ）でいう3、4段目にあたる職場の同僚や友人たち、お客様や地域の人たちともうまくいきにくいと思います。

それは、近くの人を喜ばせられないのなら、遠くの人も喜ばせられないからです。

だからこそ、身近な人たちの笑顔を願うだけでなく、自分がその人たちにできることをやってみましょう。


身近にいてくれる人との関係は、その人の人間関係にすべて影響しています。

実際、人生がうまくいっている人のほとんどが、夫婦や家族の仲がいいのです。

身近な人や家族との調和が取れていないと、会社や世の中とも調和できないのかもしれません。

ただ、家族との関係が、人間関係の中で一番難易度が高いのも事実です。

なぜなら、互いに素が出やすいからです。

だからこそ、世の中の役に立つ前に**身近な人を笑顔にすることが、人生のバランスを整える一歩**なのです。

多くの人が家族のことを考えてはいますが、「家族がどんなことをしたら喜ぶのか」ということを改めて意識することは少ないかもしれません。

どんなことをしてあげたら、家族の笑顔が増えるのか。

また、どんなシーンで自分自身が幸せを感じられるのか。

そんなことを考えてみると、もっと大切にしたいことが見えてくるかもしれません。

仕事や他のことがうまくいっても、身近な人との関係性がよくないと、長続きしません。

家族や身近な人との関わりをよりよくすることを意識しましょう。

社会とのつながり（社会貢献・ボランティア）

1／
世の中のためにあなたができる、小さなことは何ですか？

2／
あなたができることで、身近な人に役立つことは何ですか？

3／
あなたの周りにいる、世の中に貢献している人は誰ですか？

「社会のために何かをする」という意識を持つことが、人生においてバランスを取る重要な要素の１つだと、ぼくは感じています。

それは、社会は自分や家族などの身近な人たちが生きていく場所だからです。自分たちが幸せでも、周囲がそうでないのなら、あまり幸せにはなれないように感じていることも理由の１つかもしれません。

世の中のためにすることとは、世界平和などの大きなことでなくてかまいません。あまり大きいと、なかなか一歩が踏み出せませんし、何をしていいのか具体的に見えてこないからです。

小さなことでいいのです。

最初は身近なところで、何か役に立てることを考えてみましょう。

社会貢献には、「時間を提供する」「お金を提供する」「作業（労力）を提供する」の３つの方法があります。

やり方もいろいろあります。

どこかの福祉団体に１万円を寄付するのでも、コンビニエンスストアで小銭を寄付

するのでもいいでしょう。年末の町内清掃会に参加できなければ、日ごろから目につ
いたゴミを拾うようにするなど、そういうことでいいと思います。
この分野を意識して行動できるようになると、不思議なことに、人から助けられた
り、自然と人から応援されたりするようになります。
ビジネスや普段の活動ではつながれない人とつながれるという効果もあります。
社会貢献では損得勘定が発生しないため、そこでつながった人脈は本当の人脈にな
りやすいのかもしれません。
それは、人生における宝物だとぼくは感じています。

人間力

1 あなたの中にあるもので、より磨きたいものは何ですか？

2 あなたにとって、魅力的な人とはどんな人ですか？

3 その人のようになるために、あなたができることは何ですか？

魅力的な人の周りには、魅力的な人が集まります。

つきあうのならより心地よい人とつきあいたいですし、同じ商品を買うのなら、より魅力的な人から買いたいものです。

人間力を高めることは、人生にとっても大切な要素です。

人間力を磨くとは、足りないものを補うのではなく、既にあるものを磨くということです。

自分に足りないものを補充しようとしても、もともとないものは磨くことはできません。

「自分のよいところなんか見つけられない」という人は、「自分がどんな人を魅力的だと感じているか」を考えてみてください。

そこで出てきた答えが、あなたの魅力の原石です。

人は、自分にまったくないものには惹かれません。

自分にとって、どんな人が魅力的なのか。

なぜ、魅力があると感じるのか。

その答えを知ることが大切です。

魅力的な人とは、その人の全部ではなく、「この人のこの部分」というところだけでもいいと思います。完璧な人はいないのですから。

自分にとって魅力的な人がわかったら、「その人に近づくために何をしていくか」を考えます。

自分はどういう人でありたいかを意識することで、人生はよりバランスが取れていくと思います。

自分を磨くために、何に取り組むのかを意識してみましょう。

学び

1

理想の未来の姿はどんな姿ですか？

2

その理想の姿に近づくために
学びたいことは何ですか？

3

あなたが
人に教えられることは何ですか？

人は、学び、成長したいと思う生き物です。

ただ、自分の理想の未来の姿が見えていないと、本当に自分が知りたいことや学びたいことがわからないこともあります。

理想の生き方や、キャリアデザインなどの目的を見つけたとき、本当に学びたいものが見えてくるのかもしれません。

たとえば、自分の人生のプランを考えて、「海外で仕事をしてみたい」と思ったときに初めて、語学力が必要だとわかるのです。人間の体のことを知りたいから医者になるのではなく、「医者になりたい」から人間の体のことを勉強するのです。

学ぶこと自体が目的ではなく、学ぶその先に何か目的があるから、人は学ぶのかもしれません。

たくさんのことを学んでいる人がいます。

もちろん、学ぶこと自体が楽しいのなら、それでいいと思います。

ただ、「自分には何かが足りない」「たくさんの知識がないと一人前になれない」と思いながら学んでいるのなら、それは未来の姿が明確になっていないせいかもしれません。

そんなときは一度立ち止まって、理想の自分の姿を思い浮かべてください。バランスが取れた理想的な10年後をイメージし、そのために何が必要か、何を学んだらいいかを考えてみましょう。

きっと、学びがあなたのバランスのいい人生をサポートしてくれることでしょう。

また、人は、インプットとアウトプットがそろって初めて学ぶことができます。

「インプットしたものを使えるようになったとき、学びが完成する」ということを理解できたら、ただひたすら学び続けるということもなくなるかもしれません。

アウトプットは最大の学びです。

自分が学んだことは、ぜひ他の人にも伝えていきましょう。

遊び

1
あなたが心から楽しめることは何ですか？

2
遊ぶことで得られるものは何ですか？

3
遊びの時間をどのくらい取りたいですか？

遊びの定義は人によってさまざまだと思いますが、ぼくは、遊びとは「心からワクワクすること」だと思っています。

ワクワクすることは、どうして大切なのでしょうか?

それは、自分のエネルギー源、活力になるからです。

遊びには、自分を満たす遊びと、仕事やアイデアのヒントなど、何かにつながっていく遊びがあります。

自分を満たす遊びには、「無駄が必要」だとぼくは感じています。

無駄はゆとりを生み出します。何かトラブルがあったときでも、それに対応できる余裕を持つことができます。

でも、遊んでいない人はピンと張った糸のようで、一緒にいて息苦しくなります。

実際、ぼくも、遊んでいなかった時代は疲労感でいっぱいで、いつも切羽詰まっていました。

体をギュッと硬くして、気持ちを緩めることもできず、力を入れたままで行動するために、ミスを起こすこともありました。

余白がないと、一度入ってしまった力を緩めることはできないのかもしれません。

遊ぶことは、自分の活動の肥やしになります。人間関係を広げたり、人間性を豊かにしたりして、人生の幅を広げてくれます。

非日常的なことが体験できるのも、遊びのよいところです。

その結果、視野が広がったり、学んだりすることもできます。

遊びを意識すると、その時間を確保しようと無駄を省いたり、集中力が増して、仕事の効率も上がるかもしれません。

楽しければ、心も体も健康にもなります。

人生を構成する8つの要素のうち、この「遊び」が、他の要素とのつながりを一番促進してくれる気がします。

ワクワクする感情を意識することが、バランスのいい人生にとっても重要なことだと感じています。

自分軸を見つける

この章では、人生でバランスを取るために意識したい8つの要素をお伝えしました。最初にお伝えした通り、ここで取り上げた要素以外にも、バランスを取るために必要な要素はいくつもあると思います。

それは、自分のライフスタイルを踏まえて考えてみてください。

本章を通して、人生を構成している要素がいくつかあるということを意識できるようになったらいいでしょう。

もし、各要素のしつもんにスムーズに答えられなかったとしたら、その部分のバランスが取れていない可能性があります。

でも、そこを意識することによって、バランスを取るために必要なことが見えてくるはずです。

大切なのは、８つの要素のどれかに特化して意識するのではなく、自分の周りにこれらの要素があると知っておくことです。

これらの要素が自分の周りにあることをイメージしてみてください。

人生の中心は、仕事やお金、遊びなどの要素ではなく、自分であるということを忘れないようにしましょう。

chapter **4**

バランスを考えてみよう！

2つのベストバランスを考えよう！

どちらかに偏りすぎることなく、自分の中でバランスが取れた状態を知ることが大切です。

第3章で述べたように、1つのことだけでなく、さまざまなテーマにおいて考えてみることで全体のバランスが整っていきます。

ここからは、あなたのベストバランスを考えるためのページです。

ベストバランスとは「あなたが最もバランスが取れている状態」のことを指します。

2つの相反する項目が見開きでページに書かれていますので、あなたがどのくらいのバランスを大切にしたいか、どちらを大切にしたいと思っているのか、それらがそれぞれ何%の割合なのかを書いてみてください（各ページ最下部）。

必ずしも50％と50％のバランスが取れている状態だとは限らないので、あなたの素質や今までの経験などを振り返りながら書くことをおすすめします。

また、各項目にあるしつもんにも答えてみてください。

その答えが、バランスを考えるときのヒントになるかもしれません。

そしてすべての項目を書き込んだら、どんな過ごし方をしていきたいか、何を大切にしていきたいかを改めて考えてみてください。

遊び

働いているだけでは得られないものがある。

何かを得るために活動するのではなく、意味もなく、ただ楽しいからやる。

一人で遊ぶのもよし。

仲間と遊んでもいい。

それができてこそ、人生に深みが出る。

Q あなたは何をしてとことん遊びますか？

%

仕事

働くことで得られるものがある。

働くことでしか得られないものがある。

誰かの役に立って、対価をもらってこそ生きていける。

自分のためだけでなく、他の人のためお客様のため世の中のためになることをしていこう。

Q あなたはなぜ働くのですか？

%

アウトプット

学ぶだけでは意味がない。

吸収するだけでなく、伝えることで本当に身についていく。

わからないところがわからない、そんな状態を脱するためにも人に教えてみよう。

教えることで、わからないところがわかる。

伝え続けていくことでいらないもの、本当に必要なものがわかる。

インプットだけでなく、アウトプットもしていこう。

Q 誰に何を伝えたいですか?

%

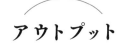

インプット

人の話を聴く。本を読む。映像を見る。

どんな手段でもいいから、積極的に学び、吸収していこう。

自分の人生でまだ経験していないことを、知識として得よう。

あなたが経験するよりも先に、たくさんの叡智がすでに存在している。

それを吸収し、自分の知識に変えていこう。

Q あなたが学びたいことは何ですか？

%

内

もっと内を見つめてみよう。

外ばかり見ていては気づかないこともある。

あなたの大切なものはあなたの近くにあるから。

あなたが普段暮らしている場所、いつも会う人たち、よく見る風景、そこに宝がたくさん隠れている。

自分の周りにもっと目を向け、自分にもっと目を向ける。

今まで見えなかったものが見えてくるはず。

外へ行くことをやめ、じっくりと自分と対話してみよう。

Q 自分とどんな対話をしたいですか？

%

外

もっと外へ出ていこう。

そこにはあなたの知らない世界がある。

会ったことのない人たちがいる。見たこともない景色がある。それを体験しに行こう。

新しい体験はあなたを大きくする。そして枠を広げてくれる。

内にこもらず、外へと目を向けていこう。

もっと先へ　さらにその先へ。未知の世界は、あなたを待っている。

Q どんな世界を体験しに行きますか？

%

都会

たくさんの情報と人が集まる場所に出かけよう。

あふれるばかりの情報を自分なりに取り入れ、新たなものをつくり上げていく。

人が集まる場所にはエネルギーも宿る。

そのエネルギーを自分の活動やビジネスに活かしていこう。

一歩先ゆく未来がその街にある。

Q 都会で何をしたいですか？

%

自然

自然に触れよう。

わたしたちは自然の中で生きている。

そして、自然の一部でもある。

空を見て、海で遊び、山で走り回ろう。

自然から学ぶこともたくさんある。

時間を止めて自然と触れ合おう。

Q どこで自然と触れ合いますか？

%

考察

じっくり考えよう。

思いつきで行動してもいい結果は生まれない。

じっくり整理しながら、今までの知識と経験をフル回転して。

考えに考えぬいた答えは、納得のいく答えのはず。

気軽に答えを出さず、地に足の着いた答えを導き出そう。

Q じっくり考えて答えを出していますか？

%

直感

直感を大切にしよう。

頭で考えても答えは出てこない。

ピンときたもの、それがあなたなりの正解。

世の中に正しい答えは存在しない。

だからこそ自分の感覚を大切にし、選択していこう。

Q 直感を磨くために何ができますか？

%

人の力

アナログな感覚を大切にしよう。

機械で文字を打っても、そこに味はない。

効率は悪くても、人の手が入ることで味わい深さが生まれ、温かさが生まれる。

人が求めているのは効率ではなく、温かさ。

それはあなたにしか出せない。

人の力でもできることはずっとずっとやり続けてみよう。

Q 人の力でできることは何ですか？

%

機械の力

テクノロジーを駆使しよう。

人の手でやると何十時間もかかることでも、コンピューターを使えば一瞬で終わる。

機械でできることは機械に任せて、あなたはあなたしかできないことだけに集中しよう。

そうすることで、より効率的に人生を送ることができる。

無駄な時間を省いて、価値ある時間をつくっていこう。

Q 機械の力でできることは何ですか？

%

ネガティブ

もし、うまくいかなかったら？

できなかったとしたら？

失敗したとしたら？

そんなリスクも常に意識しよう。

何でもうまくいく、その考えを手放し　しっかり準備し、備えてみる。

トラブルが起きたら、それを味わってみる。

しっかりと向き合うことが、うまくいくために必要なこと。

Q ネガティブな気持ちを味方にするためにできることは何ですか？

%

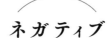

ポジティブ

どんなことが起きてもポジティブに考えよう。

たとえトラブルが起こったとしても、それはあなたに必要だから起こったこと。

だから、何が起きても怖くない。

嫌な出来事も悲しい出来事も、これからのあなたの人生にはきっと必要なこと。

いつも明るくエネルギーがあふれる状態を保っていこう。

Q ポジティブな考え方を維持するためにできることは何ですか？

%

あきらめ

無理だと思ったら、すぐ次に行こう。

１つのものにとらわれていても、前には進まない。

必要なのは手放すこと、区切りをつけること。

こだわりすぎず､執着しすぎず､新しい道を選ぼう。

Q 何をあきらめますか？

%

執着

こだわりつづけることが大切。

すぐにあきらめるのではなく、とことん粘って。

一度でダメだったら二度やろう。

二度でダメだったら三度やろう。

うまくいく方法は、うまくいくまでやり続けること。

あなたが執着したいことは何だろう。

Q 何に執着したいですか？

%

じっとする

あちこちと移動ばかりすることなく、１つのところに留まってみよう。

じっと根を下ろすように。

同じ場所にいることで、エネルギーもそこに根差す。

じっくりと立ち止まって掘り下げることで、あなたの活動が広まっていく。

広めたいときこそ同じ場所にい続けてみよう。

Q じっとして得られるものは何ですか？

%

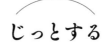

移動する

次の街へと移動しよう。

そこには、あなたのまだ見ぬものが存在する。

その新しさに触れ、体験することであなたの枠が広がっていく。

同じ場所に留まることなく、どんどん移動してみよう。

Q 次はどこに行きたいですか？

%

聴く

話してばかりではなく聴いてみよう。

多くの人が自分の話を聴いてほしいと思っている。

だからこそ、あなたがその人の話を聴いてあげよう。

話すのを我慢して、聴くことに集中してみる。

相手の話が終わるまで、あなたの意見を言うことなくじっくり聴いてあげよう。

Q 聴くために何を意識しますか?

%

話す

伝えたいことはどんどん話そう。

あなたが持っている知識や経験を待っている人がいる。

たくさん話せば話すほど、相手は学んでくれる。気づいてくれる。

話さないことには何も伝わらない。

思ったことや感じたこと、気になったことはすべて話してみよう。

Q あなたが話したいことは何ですか？

%

自由

型にとらわれないで生きていこう。

ルールは破るためにある。

ルールや枠の中で小さくまとまるのではなく、もっと自由奔放に生きていこう。

窮屈なルールを手放し、あなたらしく生きていこう。

自由こそがあなたに輝きをもたらしてくれる。

Q 自由に何をしたいですか?

%

ルール

ルールがなければものごとが進まない。

一人ひとりが勝手に自由に行動したら、まとまりがなくなってしまう。

多くの人たちが共存している場所には、必ずルールがある。

そのルールはきちんと守ろう。

あなたの周りにはどんなルールがあるだろう。

Q どんなルールがありますか？

%

影

光があれば必ず影がある。

影があるからこそ、光が存在する。影を嫌ってはいけない。

誰にでもその側面はある。

見たくない部分、触れたくない部分、思い出したくない部分、そこにこそ向き合おう。

影があってこそ人間らしい。

Q あなたの影は何ですか？

%

光

光が当たる部分は美しい。

多くの人が注目する場所。

光がまぶしければまぶしいほど、影はなくなる。

できていないところやダメなところにフォーカスするのではなく、輝いている場所を見ていこう。

Q あなたの光は何ですか？

%

叱る

褒めるだけでは成長しない。

「ダメなところはダメ」

そう教えてあげよう。

真剣に関われば関わるほど、叱る大切さが見えてくる。

何でも「いいね！」ではなく、改善したほうがいいところをきちんと伝えてあげよう。

叱ることが相手のためになる。

Q どの部分を叱りたいですか？

%

褒める

人は褒めて伸ばすもの。

怒っても叱ってもやる気は生まれない。

認めてあげて、褒めてあげて、ねぎらってあげる。

これは誰もがうれしいこと。

あなたの周りの人を褒めてあげよう。

Q どんなところを褒めたいですか？

%

娯楽

学ぶだけではつまらない。

別に未来につながらなくてもいい。何かの役に立たなくてもいい。

遊べるほうが人は魅力的。

ごはんも食べずに没頭して遊ぶ。

たまにはそんな時間をつくろう。

遊べば遊ぶほど深みが増していく。

Q どんな遊びにチャレンジしたいですか？

%

自分磨き

自分を磨き続けよう。

磨くことにゴールはない。

より魅力的になるために、より能力を高めるために、学び続けよう。

知らないことを学ぶことは楽しい。

磨くことをやめたら、あなたの輝きはなくなる。

未来につながること、キャリアを磨くことをやり続けよう。

Q 次に何を学びたいですか？

%

期限

完璧を目指してはいけない。

ものごとに終わりはないから。

終わりがないものだからこそ、区切りをつけてそこで完成させよう。

いつまでもそれにとらわれることなく、期限を区切ってそこで終わりとしよう。

完璧よりもスピードが大事。

100点でなくてもいいから、間に合うことを大切にしよう。

Q 期限を守るためにできることは何ですか?

%

完璧

何事も完璧を目指そう。

そこで妥協してはいけない。

いつでも常に最高のものを目指していこう。

完璧を目指してこそ人々に支持される。

もっともっと、さらに上を。

悔いの残らない形をつくっていこう。

Q 完璧に近づくために何をしますか？

%

持つ

大事にしたいものはずっと持っておこう。

すぐに買えるからといって、気軽に捨てることはやめよう。

長く大事に大切に使っていく。

愛情を持ってかわいがろう。

どこでも何でも手に入る時代だからこそ、すべてのものを大切にしよう。

Q 何を持ち続けますか？

%

捨てる

いらないものはどんどん捨ててしまおう。

「いつか使う」はずっと使わない。

本当に必要なものだけ手元に残しておこう。

「もったいない」を手放して、もっともっと身軽になろう。

Q 何を捨てますか？

%

個人

組織は大きくなればなるほどスピードが遅くなる。

一人でやればすぐ終わることでも、関わる人数が
増えるとその分鈍くなる。

今はフリーランスでも活躍できる時代。

会社の大きさが価値の大きさとは限らない。

個人でできることに目を向けてみよう。

あなたが一人でできることもまだまだある。

自分の力、個の力を信じてみよう。

Q 一人で何を成し遂げたいですか？

%

組織

人は一人では何もできない。

だからこそ、組織をつくりチームをつくって足りないものを補い合おう。

自分に足りない役割は何か？　得意でないことは何か？

それらを仲間に助けてもらおう。

自分は得意なことをするだけでいい。

あとはみんなでつくり上げていこう。

Q どんな組織をつくりたいですか？

%

お金

お金はあなたの時間を生み出してくれる。

お金で解決できることは解決しよう。

時間をかければできることでも、もっともっと短縮しよう。

ただ貯めておくだけでなく、自分のために未来のためにお金を有効に使っていこう。

Q 何にお金を使いたいですか？

%

時間

時間をかけてものごとを構築していこう。

お金をかければ時間をかけずに済むこともある。

でも、時間をかけて愛情をかけて手と足を動かしてつくり上げよう。

お金では得ることができないものを時間は持っている。

Q 時間をかけて何をしたいですか？

%

教わる

たくさん教わろう。

あなたが知りたいことをすでに経験している人たちがたくさんいる。

その人たちから知識を得よう。

知恵を教えてもらおう。

わからないことは聞いてみる。

知りたいことは尋ねてみる。

教わることは恥ずかしいことではない。

興味を持ち、関心を持って教えてもらおう。

Q 何を教えてもらいたいですか？

%

教える

あなたが知っていることはどんどん教えてあげよう。

教えることで自分がわからないところもわかる。

教えることで学べることもある。

学ぶ以上に教えてみよう。

教えれば教えるほど、あなたは自然に吸収していく。

Q 何を教えたいですか？

%

文字

想像は相手の頭の中でしてもらおう。

ビジュアルはイメージを固定化してしまう。

もっともっとイマジネーションを楽しんでもらうためにも、伝えるときは文字で伝えよう。

細かい描写も文字のほうが伝わっていく。

あなたが思っていること、感じていること、伝えたいこと、それを文章で表わそう。

Q 何を文章で表現しますか?

%

映像

映像で見ると、そこに説明はいらない。

長い説明よりも１枚の写真。それがすべてを物語る。

あなたが思っていること、感じていること、伝えたいこと、それをビジュアルで表わそう。

ひと目でわかるほうが相手に伝わる。

言葉の壁を越えて伝わるものを大切にしたい。

Q 何をビジュアルで表現しますか？

%

ベストバランスを生きる

さまざまなテーマにおいて、あなたのベストバランスは見つかったでしょうか？

もちろんバランスのポイントが１００％と０％でも、50％と50％でも、それがあなたにとってバランスが取れた状態であれば問題ありません。

このワークにたった１つの正解はなく、あなたの中に答えがあるからです。

大切なのは自分のバランスを知るということ。

そして、**そのバランスを意識した暮らしをしてみるということ**です。

また、人はどちらかが正しいと思うと、その反対にあるものは否定してしまいがちです。

でも、反対にあるものを否定することなく、自分の中に取り入れるという意味でも、このワークが役に立つかもしれません。

あなたのバランスは、一度決めたらずっとそのポジションが続くというわけではありません。

時間が経てば、あなたの考えや大切にしたいことも変わってくるのは自然なことです。

環境が変われば、取りたいバランスも変わってくることでしょう。

一緒にいる人が変わると、価値観も変わってくるかもしれません。

だからこそ、日々、

「今、バランスが取れているかどうか？」

「何を大切にしていきたいか？」

を自分自身にしつもんすることを大事にしていきましょう。

おわりに

世の中が決めた正しさよりも、自分の中の答えを見つけて生きてほしい。
この本を通して伝えたかったことは、この思いです。

もっと働いたほうがいい、もっと休んだほうがいい。
世間や周りはあなたにそう言っているかもしれませんが、周りに合わせることなく、
自分のベストバランス、ベストポジションを見つけることが大切です。
なぜならそれが、あなたにとって本当に大切なものが見つかる鍵だからです。
……と書きましたが、理想通りに生きていくことはできませんよね。ぼくもそうです。
たまにはバランスを崩すこともあるでしょう。
思いっきり偏りたいときもあるでしょう。

そんな自分も許してあげましょう。
人間だから、「こうするといい」と思うことができないときもあるはずなので。
ただ、どんなときもシャンパンタワーの自分のグラスを満たして、愛してあげてください。

ぼくは働きすぎるバランスから、余白の時間を取りすぎるバランスへとライフスタイルが変化しました。その両極を体験したことで、本当にどんなバランスでも幸せになれるということを実感しました。

そう、あなたはどんなバランスでも幸せに生きていくことができるはずです。
そしてぼくもそれを願っています。

山形の旅館で源泉の流れる音を聞きながら

マツダミヒロ

※本書は『バランスライフ　自分らしい生き方・働き方を見つけるしつもん』（総合法令出版刊）の改訂新版です。

“書籍で紹介できなかった秘訣”

読者限定
無料プレゼント

Present !

『本当に大切なことの見つけ方』
人生のバランスを整える質問

出版記念講演動画

本書では語りきれなかったことを含めて著者が直接
解説した講演の動画をプレゼントいたします。

こちらの QR コードよりアクセスしてください

▼

https://hs.shitsumon.jp/htmpresent

※特典の配布は予告なく終了することがございます。
※動画は WEB 上のみでの配信となります。
※このプレゼント企画はマツダミヒロが実施するものです。プレゼント企画に関するお問い合わせは「staff@mahoq.jp」までお願いいたします。

マツダミヒロ

質問家／ライフトラベラー
時間と場所にとらわれないビジネススタイルで世界を旅しながら、各国で「自分らしく生きる」講演・セミナー活動を行う。1 年のうち 300 日は海外に滞在。

カウンセリングやコーチングの理論をベースに自分自身と人に日々問いかけるプロセスを集約し、独自のメソッドを開発。質問するだけで魔法にかかったようにやる気と能力が引き出され、行動が起こせるようになることから、「魔法の質問」と名づける。現在では 5000 人以上のインストラクターが国内外で活躍。メルマガの読者は 16 万人を超える。

「魔法の質問学校プロジェクト」では、ロンドン、プラハ、シンガポールなど各国の学校へボランティアで行き、子どもたちに魔法の質問を体験してもらっている。ニューヨークにある国連国際学校（UNIS）でも授業を行う。NHK の番組や ANA 国際線で講演が放送されるなどメディアにも多く取り上げられている。

ラジオ番組「ライフトラベラーカフェ」（Podcast）は、Apple のベスト番組に選ばれ 30 万人を超す視聴者がいる。

著書は国内外で 40 冊を超える。主な著書に、『朝の 1 分間、30 の習慣。』（すばる舎）、『自分のやりたいことが見つかる 5 つの質問』（きずな出版）などがある。

自分らしく働き、自分らしく生き、大切な人たちと豊かな時間を過ごすことを大事にしている。

本当に大切なことの見つけ方
人生のバランスを整える質問

2024年1月22日　初版発行
2024年2月20日　2刷発行

著　者　マツダミヒロ
発行者　野村直克
発行所　総合法令出版株式会社
〒103-0001 東京都中央区日本橋小伝馬町15-18
EDGE小伝馬町ビル9階
電話　03-5623-5121
印刷・製本　中央精版印刷株式会社

ISBN 978-4-86280-931-5
総合法令出版ホームページ　http://www.horei.com/